外国人技能実習制度（介護職種）の
指導ガイドブック

編集 一般社団法人シルバーサービス振興会
協力 公益社団法人日本介護福祉士会

中央法規

はじめに

　2017（平成29）年11月1日の「外国人の技能実習の適正な実施及び技能実習生の保護に関する法律」（平成28年法律第89号）の施行にあわせ、技能実習制度の対象職種に介護職種が追加されました。

　技能実習制度の目的は、開発途上地域等への技能等の移転を図り、その経済発展を担う「人づくり」に協力することであり、日本の国際協力・国際貢献において重要な役割を担っています。また、日本の多様な職種・作業が当該制度の対象となるということは、これらの職種・作業において培われてきた技能が、国際的に求められていることの証左であるとも言えます。

　このため、介護職種の追加に当たっては、国においても慎重な検討が進められ、介護サービスの特性にもとづく「介護固有要件」（コミュニケーション能力の確保、適切な実習実施者の対象範囲の設定、適切な実習体制の確保、監理団体による管理の徹底）が定められるとともに、業界団体の総意にもとづく公的評価システムとして「介護技能実習評価試験」が構築されています。

　このように、技能実習では、移転すべき技能に関する現場（実習実施者）でのOJT（On-the-Job Training）にもとづき、確実な技能等の修得・移転が確保されることが求められます。なかでも、技能実習生に直接指導する立場にある技能実習指導員の役割が極めて重要となります。

　しかしながら、諸外国から、言語はもとより生活文化の異なる技能実習生を受け入れ、日々の業務のなかで指導していくことは、多くの実習実施者（技能実習指導員）において、初めてとなる取り組みであり、それぞれが不安や試行錯誤のなかで懸命に取り組まれているのが実状です。

　このため、本書は、技能実習指導員をはじめとして技能実習生を指導される立場にある方々に向けて、技能実習制度の理念、介護職種において移転すべき技能等について解説するとともに、先進的かつ積極的な実習実施者の取り組み事例（具体的な指導方法や活用ツール等）を紹介することを目的として企画されました。

　日本は、高齢化の先進国として、世界に先駆けて「介護福祉士」を国家資格化し、介護保険制度を導入してきました。また、「要介護者等の尊厳を支えるケア」の確立に向け、「利用者本位」、「利用者の自立支援」、「利用者による選択（自己決定）」等を基本理念と

した介護職種の技能を確立してきました。こうして培われてきた介護職種の技能が、より多くの技能実習生に修得され、アジア諸国をはじめとした急速な高齢化の進展に対応する「人づくり」に寄与できることを願うとともに、本書がそうした関係者の一助となることを願ってやみません。

　末尾になりましたが、本書の発刊にあたり、公益社団法人日本介護福祉士会には多面にわたるご協力を賜りました。また、新型コロナウイルス感染症が猛威を振るうなか、ご協力いただいたすべての関係者のみなさまに対しまして、心よりの敬意と感謝を申し上げます。

2021（令和3）年9月

一般社団法人シルバーサービス振興会

目次

第 3 章　技能実習生に移転すべき日本の介護の技能とは

第 4 章　技能実習生指導の実践事例

資 料

【本書における用語の使い方】

　本書では、本文中の用語につき、原則として次のように整理し、表記させていただきます。

- 技能実習生 ➡ 実習生

- 技能実習指導員 ➡ 指導員

- 技能実習責任者 ➡ 責任者

- 修得 ➡ 技能実習法上での技能のしゅうとくは「修得」を使用

- 習得 ➡ 一般的に日本語のしゅうとくは「習得」を使用

- 実習生が配属される実習実施者には病院や診療所等も該当しますが、本書ではそれらも含めて「事業所・施設等」と表記します。

第 **1** 章

「介護職種の技能実習制度」を理解しよう

移転すべき介護の技能とは？

1 技能実習制度とは

　技能実習制度は、高い技術力が評価される日本の技能（知識・技術）を開発途上国へ移転し、その開発途上地域等の経済発展を担う「人づくり」に協力することを目的に、1993（平成 5）年に創設された制度です。

　2021（令和 3）年 7 月現在、82 職種 150 作業で実習生の受け入れが行われています。実習生の受け入れが認められている職種は、その職種で修得する技能の内容が「単純作業や同一の反復で修得できるものではないこと」とされており、それぞれの職種・作業ごとに、実習生が技能の修得のために資する業務内容やその範囲が定められています。

　実習生は、日本における実習生の受け入れ先となる実習実施者と雇用契約を結び、指導員による現場での OJT（On-the-Job Training）を通じて段階的に技能の修得を図り

図1 実習生の入国から帰国までの流れ

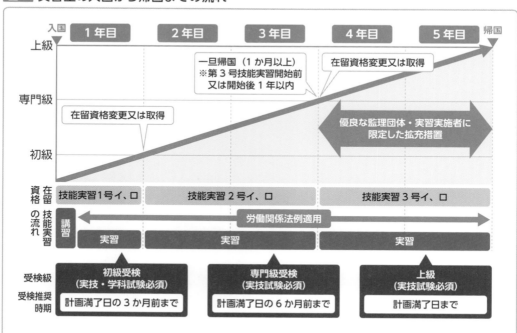

第 1 号技能実習から第 2 号技能実習へ、第 2 号技能実習から第 3 号技能実習へそれぞれ移行するためには、技能実習生本人が技能実習評価試験（2 号への移行の場合は学科と実技、3 号への移行の場合は実技）に合格していることが必要です。また、第 3 号技能実習が修了する前にも、技能実習評価試験（実技）に受検する必要があり、技能実習期間が 5 年の場合、計 3 回技能実習評価試験を受検することになります。

ます。

　そのため、実習生の技能の修得は技能実習計画にもとづいて、計画的に行われます。また、それらの技能が適切に修得できているかについては、技能実習評価試験で確認することとされています。

② 技能実習法の基本理念

　技能実習制度では、実習生にも労働基準法が適応されており、日本人と同等の労働条件で働くことが明文化されています。しかし、実習生への賃金の未払いや最低賃金が守られていないこと、外出の制限など、多くの問題が生じていました。また、技能実習制度は、劣悪な強制労働の温床となっており人身売買の制度だという国際的な批判もありました。

　そこで技能実習の適正な実施と実習生の保護のための見直しが行われ、「外国人の技能実習の適正な実施及び技能実習生の保護に関する法律」（以下、技能実習法）（平成28年法律第89号）が公布され、2017（平成29）年11月1日に施行されました。

　技能実習法には、技能実習制度が、国内の人手不足を補う安価な労働力の確保等として使われることがないように、基本理念に①技能等の適正な修得、習熟又は熟達のために整備され、かつ、実習生が技能実習に専念できるようにその保護を図る体制が確立された環境で行わなければならないこと、②労働力の需給の調整の手段として行われてはならないことが定められました。

　実習生を受け入れる実習実施者や指導員等は、こうした技能実習法の趣旨や目的を十分に理解したうえで、計画にもとづいて技能を修得できる環境を整えることが求められています。

③ 技能実習制度に介護分野が追加された背景

● 速い人口の高齢化

　日本は、平均寿命が男性81.1歳、女性87.1歳（世界保健機関統計2019）と、世界一の長寿国となっています。また、高齢化社会から高齢社会になるまでの期間をみると、フランスが115年、スウェーデンが85年、英国が47年というなかで、日本は24年と

いう短い期間で高齢社会を迎えています。

　ところがアジアは、世界の他の国・地域に比べ高齢化のスピードが速く、シンガポールで17年、韓国で18年、タイで22年など、日本以上のスピードで高齢化が進展することが予測されており、早い段階で適切な対策を講じなければ、医療費や社会保障費の増加など各国の財政に大きな影響を与えることが懸念されています。

● 日本の高齢化の経験を各国・地域に

　日本では、人口構造の変化に伴う高齢化率の上昇や認知症高齢者の増加等、介護ニーズの複雑化・多様化・高度化に対応するため、介護保険制度の導入や地域包括ケアシステムの構築、介護福祉士資格をはじめとした質の高い介護人材の育成等に取り組んできました。

　世界に先駆けて急速な高齢化を経験した日本は、課題先進国であり、日本の高齢者介護のしくみや技術を取り入れたいという、アジア各国・地域のニーズが大きくなっています。

● 技能実習制度において介護職種を追加

　これまで、日本では、EPA（経済連携協定）にもとづき、二国間の経済連携の強化の観点から特例的に、インドネシア（2008年）、ベトナム（2009年）、フィリピン（2014年）からEPA介護福祉士候補生・EPA介護福祉士の受け入れを行ってきました。

　これに加え、アジアの国々・地域で高齢化が進むなか、介護分野で実習生を受け入れ、日本の介護の技能を移転することは、国際的にも意義があることだとされました。

　一方で、介護職種が追加されるまで技能実習制度は製造や建設等、日本のものづくりを中心とした技能の移転が対象とされていました。介護は、対人サービスとしてはじめての職種追加となることから、利用者とのコミュニケーションをはじめとした介護サービスの質の担保や介護の仕事の社会的な評価への影響など、介護サービスの特性にもとづくさまざまな懸念に対応することを前提に、厚生労働省に設置された「外国人介護人材受入れの在り方に関する検討会」などにおいて、職種追加が検討されました。

4 日本の介護の専門性

● 介護を専門とする国家資格の創設

　前述したとおり、日本は世界一の長寿国であり、アジアで最も早く高齢社会を迎えた国です。複雑化・多様化・高度化する介護ニーズに対応するため、福祉サービスの量的拡充を図るとともに、サービス提供者の資質の向上を図るため、1987（昭和62）年に、社会福祉士及び介護福祉士法が制定され、「社会福祉士」と「介護福祉士」という、福祉の専門資格が誕生しました。

　介護分野における初の国家資格である「介護福祉士」は、次のように定義されています。

社会福祉士及び介護福祉士法（抜粋）

（定義）

第2条（略）

この法律において「介護福祉士」とは、【中略】 専門的知識及び技術をもつて、身体上又は精神上の障害があることにより日常生活を営むのに支障がある者につき心身の状況に応じた介護 【中略】 並びにその者及びその介護者に対して介護に関する指導を行うこと（以下「介護等」という。）を業とする者をいう。

※色文字は執筆者

● 介護福祉士の役割の拡大

　介護福祉士の定義は、法律の制定後、社会的な役割の拡大とともに2度改定されています。1987（昭和62）年の制定時は、「…身体上又は精神上の障害があることにより日常生活を営むのに支障がある者につき入浴、排せつ、食事その他の介護を行い…」とされていたのが、2007（平成19）年の改正で、「…心身の状況に応じた介護を行い…」に改正されています。

　1994（平成6）年12月、高齢者介護・自立支援システム研究会は、今後の高齢者介護は、「高齢者が自らの意思に基づき自立した質の高い生活を送ることができるように支援す

ること（高齢者の自立支援）を基本理念とすべき」と報告しました。この自立支援の考え方により、「介護」の内容が三大介護（入浴、排せつ、食事）をはじめとする身体介護を中心とした身体介護にとどまらない主体的な自立した生活への支援へと拡大されました。

● 海外に移転すべき日本の介護の技能とは

「外国人介護人材受入れの在り方に関する検討会」の中間まとめ（p.118参照）には、技能実習「介護」の移転すべき技能＝つまりは、実習生が母国に持ち帰る介護の専門的技能の考え方として次のように記されています。

○介護は単なる作業ではなく、利用者の<u>自立支援を実現するための思考過程</u>に基づく行為であることを踏まえ、それに必要な考え方等の理解を含めて、移転の対象と考えることが適当である。

○移転の対象となる「介護」業務が、単なる物理的な業務遂行とならないよう、<u>一定のコミュニケーション能力の習得、人間の尊厳や介護実践の考え方、社会のしくみ・こころとからだのしくみ等の理解</u>に裏付けられたものと位置づけることが重要である。特に、認知症ケアについては我が国の介護技能の特徴をなすものであり、また国際的にも技能ニーズが高まることを踏まえ、関連する知識等の理解を伴うものとすることが重要である。

「自立支援を実現するための思考過程」＝「自立に向けた介護過程」であり、「人間の尊厳や介護実践の考え方」＝「専門職としての倫理」と言い換えられるのではないでしょうか。そして、「〜等の理解に裏付けられた」とは、「根拠にもとづく介護実践」です。

つまり移転すべき介護技能とは根拠にもとづく介護実践を指します。これを踏まえたうえで、介護職種の技能移転の具体的な内容については、第3章で詳しく説明します。

後述しますが、海外の国・地域では、介護職員は看護師資格の体系に位置づけられているところが多く、介護福祉士の資格が社会福祉士と同じ法律で福祉の専門職に位置づけられているということも、日本の介護の特徴をあらわしています。

⑤ 実習生の到達水準

　実習生は、段階的に技能の修得を目指します。入国1年目の実習生は「1号」とされ、2年目および3年目の実習生が「2号」、4年目および5年目の実習生が「3号」と区分されています。

　2号の実習生は、1号の実習生として技能を修得した後、技能の習熟を目指します。3号の実習生は、さらにその技能の熟達を目指します。

　介護におけるそれぞれの到達水準は、 図2 のようになります。

図2 実習生の到達水準

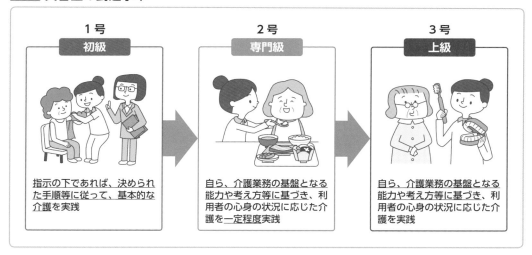

1号	2号	3号
初級	専門級	上級
指示の下であれば、決められた手順等に従って、基本的な介護を実践	自ら、介護業務の基盤となる能力や考え方等に基づき、利用者の心身の状況に応じた介護を一定程度実践	自ら、介護業務の基盤となる能力や考え方等に基づき、利用者の心身の状況に応じた介護を実践

　実習生の母国では「介護」は概念としてどのようにとらえられ、どのように実践されているのでしょうか？　これを知ることで、技能実習制度に介護職種が追加された意義がみえてきます。

1 アジア各国・地域で進む高齢化

　アジア各国・地域では高齢化が進んでいます。特に東アジア地域の高齢化が著しく、2050 年には、韓国、シンガポール、タイ、中国といった比較的経済発展が進んでいる国々が高齢社会を迎え、インドネシア、ベトナム、ミャンマーなども高齢化社会を迎えることが予測されています。

図1 アジア各国・地域の高齢化率の推移

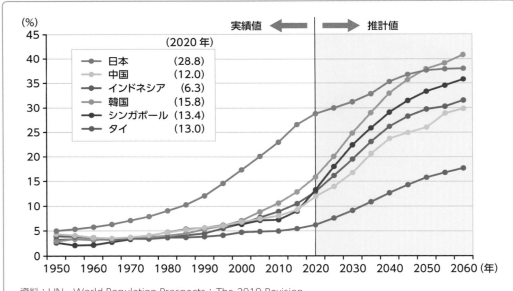

資料：UN、World Population Prospects：The 2019 Revision
　　　ただし日本は、2015 年までは総務省「国勢調査」、2020 年は総務省「人口推計」（令和 2 年 10 月 1 日現在（平成 27 年国勢調査を基準とする推計））
　　　2025 年以降は国立社会保障・人口問題研究所「日本の将来推計人口（平成 29 年推計）」の出生中位・死亡中位仮定による推計結果による。

出典：内閣府「高齢社会白書」（令和 3 年版）より

　まだ社会的な課題が顕在していないアジア各国・地域でも「高齢者介護」が今後の課題となることが予測されていますが、国・地域によってその事情は大きく異なります。

例えば、社会保障制度のしくみやサービスの有無、そしてこれらには、介護に対する考え方も大きく関係しています。

介護保険制度ができる前の日本では、家族による介護が前提に考えられていたように、アジアの多くの国・地域でも家族による介護が中心に考えられています。

② 家族やボランティアによる介護

アジアでは、親世代との同居の形態が残っているところが多く、家族による介護が中心となっています。老親は子どもが面倒をみるべきという社会規範が強い国が多いのも特徴です。

ベトナムやネパールでは、高齢者法で、高齢者の介護は基本的には家族が行うこととされています。また、インドネシアやタイでは、家族に加えて近隣住民やボランティアといったインフォーマルな支援で高齢者の介護を支えてきました。

しかし、いずれの国においても、少子高齢化の傾向にあることや子どもが仕事を求めて家を出ることなどにより、家族介護の担い手がいなくなるケースが増えており、今後、さらにその傾向が進むことが予測されています。

老人ホームのような入所型の施設もありますが、身寄りのない高齢者や貧困層の高齢者を対象としている国や地域が多く、この点も以前の日本の高齢者福祉と似ていると言えます。

③ 介護サービスの担い手と役割

アジアの国・地域の介護サービスの担い手としては、看護師やナースエイド（看護補助職）、ケアギバーなどが挙げられます。

「介護職」という概念がない国・地域が多く、フォーマルケアの人材としては、看護のナースエイド（看護補助職）やケアギバーが身の回りのお世話や家事の支援を担ってきました。また、裕福な家では、メイド（家政婦）がその役割を担うこともあります。

家族介護が中心であるアジアの国・地域では、高齢者は「病院」か「家」のどちらかで介護を受けています。また、「介護」といっても、身の回りのお世話が中心で専門的な仕事とは思われてはきませんでした。

日本で介護を学んでいる外国人介護職からは、「高齢者は敬うべき存在であり、できるだけお世話をする」といった考え方があるということをよく聞きます。そのため日本に来て「自立支援」を理解することが、とても難しかったそうです。

　このように、看護職や介護職といった専門職種の役割や位置づけは、その国や地域の制度や雇用状況などが影響しています。制度はそれぞれの国や地域の観念（宗教観等）や生活、文化等によって制定の背景が異なります。看護や介護の考え方も国や地域によって異なることを、指導員は理解しておきましょう。

4 介護の技能移転の必要性

　このように、アジアの高齢化や介護の状況をみていくと、以前の日本の状況と非常によく似ていることがわかります。多くの国・地域では看護の延長線上のお世話としての介護であり、固有の専門資格として確立されていませんが、本格的に人口の高齢化を迎え、「介護」の資格をつくろうとする動きもあります。

　だからこそ、移転すべき技能は、単なる物理的な業務遂行ではなく、コミュニケーションや、人間の尊厳や介護実践の考え方、社会のしくみやこころとからだのしくみなどの理解に裏づけられた根拠にもとづく介護実践が求められているのです。

　このほかにも、介護の技能移転においては、利用者の状態像やその置かれている環境を把握するためのアセスメント能力、利用者の日常的な支援のなかでの心身の変化をとらえる観察や洞察力をはじめ、地域のさまざまな社会資源の活用などといった幅広い視点をもつことも重要なポイントとなります。

第3節 介護職種の固有要件について

1 なぜ介護職種には「固有要件」が設けられたのか

　介護分野で実習生を受け入れることは、日本の国際貢献としても大きな意義があります。一方で、対人サービスとしてはじめての職種追加となることから、介護の仕事が、外国人が担う単純な仕事というイメージをもたれるのではないか、外国人を安価な労働力として使うことにより介護現場の処遇・労働環境の改善の努力が損なわれるのではないかなどの懸念や、利用者とのコミュニケーションがうまく図れるのか、それにより利用者の不安を招くことはないか、などさまざまな懸念がありました。これらの介護サービスの特性にもとづくさまざまな懸念に対応するための検討が行われ、介護職種には他の職種同様の要件に上乗せして固有の要件が設けられました。

2 介護職種の「固有要件」の内容

　介護職種での実習生の受け入れにあたっては、「外国人介護人材受入れの在り方に関する検討会　中間まとめ」（2015（平成27）年2月4日）に、基本的な考え方として以下の要件が示されています。

職種追加に当たっては、介護サービスの特性に基づく様々な懸念に対応するため、以下の3つの要件に対応できることを担保した上で職種追加。
①介護が「外国人が担う単純な仕事」というイメージとならないようにすること。
②外国人について、日本人と同様に適切な処遇を確保し、日本人労働者の処遇・労働環境の改善の努力が損なわれないようにすること。
③介護のサービスの質を担保するとともに、利用者の不安を招かないようにすること。

　これを受け、介護職種においては、外国人技能実習制度本体の要件に加え、実習生の日本語能力、指導員、受け入れ人数枠の設定など、固有の要件が定められました。
　受け入れにあたっては、どのような要件とされているかをしっかりと確認し、理解しておく必要があります。

【介護職種の固有要件】

・技能実習指導員のうち1名以上は、介護福祉士の資格を有する者その他これと同等以上の専門的知識及び技術を有すると認められる者（※看護師等）であること。

・技能実習生5名につき1名以上の技能実習指導員を選任していること。

・技能実習を行わせる事業所が、介護等の業務（利用者の居宅においてサービスを提供する業務を除く。）を行うものであること。

・技能実習を行わせる事業所が、開設後3年以上経過していること。

・技能実習生に夜勤業務その他少人数の状況下での業務又は緊急時の対応が求められる業務を行わせる場合にあっては、利用者の安全の確保等のために必要な措置を講ずることとしていること。

（※）具体的には、技能実習制度の趣旨に照らし、技能実習生以外の介護職員を同時に配置することが求められるほか、業界ガイドラインにおいても技能実習生以外の介護職員と技能実習生の複数名で業務を行う旨を規定。また、夜勤業務等を行うのは2年目以降の技能実習生に限定する等の努力義務を業界ガイドラインに規定。

・技能実習を行う事業所における技能実習生の数が一定数を超えないこと。

・入国後講習については、基本的な仕組みは技能実習法本体によるが、日本語学習（240時間（N3程度取得者は80時間））と介護導入講習（42時間）の受講を求めることとする。また、講師に一定の要件を設ける。

※詳しい要件の内容については、資料（p.129）参照

技能実習指導員の役割

1 制度上の役割

　指導員は、実習生に対して直接指導をする人のことを言います。また、実習生が、しっかりと技能を修得できているか、あるいは計画どおりに遂行できているかなどを指導する立場にあります。技能実習法の施行規則では、指導員について「実習実施者に勤務し、技能実習生が修得しなければならない技能等について5年以上の経験を有する者」と定められています。

　介護職種においては、さらに、指導員は実習生5名につき1名以上必要であり、そのうえで、「介護福祉士の資格を有する者その他介護福祉士と同等以上の専門的知識及び技能を有すると認められる者（看護師等）」というように、必要とされる資格が決まっています。

介護職種の指導員の要件

○介護福祉士であり、実務経験が5年以上あること

○看護師または准看護師であり、実務経験が5年以上あること

○実務者研修が修了していること（介護福祉士資格を取得していない実務者研修修了者は、8年の経験が必要）

　他の職種で指導員に求められる要件は、実習生が修得する技能について「5年以上の経験」だけですが、介護職種については、「5年以上の経験」に加えて、介護福祉士や看護師などの資格も求められています。

　介護職種の指導員には、資格と現場での実務経験の両方が必要とされています。介護の技能実習については、対人サービスの特性として、「利用者の安全を確保し、質の高い介護サービスを提供しながら」、実習生に技能移転を図ることが求められているからです。また、前述しましたが、その人らしい自立を支援するために、利用者の状態に合わせる介護を実践できる能力を有するとともに、その思考過程を言葉にして実習生に伝えていくことが求められています。そのため、介護職種の指導員には、実務経験に加えて、介護福祉士等の資格を有することが求められているのです。

2 実習生にとっての指導員

　実習生からみた指導員とは、どのような存在なのでしょうか。みなさんが介護の仕事を始めた頃のことや、介護福祉士養成施設等で介護実習の経験がある人は、その頃のことを思い出してみてください。

　みなさんにとって、指導をしてくれた人はどのような存在だったでしょうか。手技だけではなく、その根拠や考え方を教えてもらったのではないかと思います。迷ったときや悩んだときに相談に乗ってもらったり、自分自身の考えを引き出してもらったりしたのではないでしょうか。また、「この人のようになりたい」と思うような先輩や指導者がいたのではないでしょうか。

　実習生にとって、指導員は一番身近で頼りにする存在であり、「介護とはどのような仕事なのか」といったことや「介護観」を養ううえでのロールモデルとなる存在なのです。

　母国に戻った実習生たちが、「介護の仕事の専門性」をどのように語り、その国の介護を担っていくのか。そのことを考えると、指導員は責任も大きいですが、やりがいのある仕事ではないでしょうか。

第 2 章

多様な文化を理解しよう

1 文化摩擦の発生

● 文化摩擦とは

　実習生を受け入れるということは、技能を伝達すること、協働することである以前に、異なる文化圏で長年暮らしてきた人と長い時間をともに過ごすということです。そこには必ず「文化摩擦」が発生します。

　文化摩擦とは、文化と文化の衝突、すなわちそれぞれの文化を基盤とする「常識」と「常識」、「価値観」と「価値観」の衝突です。常識と価値観は、自分を育みまた育まれるなかで身につけてきたものですから、それ自体を疑うことがありません。またごく自然に自分の常識と価値観にのっとって行動しますから、知らず知らずのうちに相手に違和感を与えます。

●「同じ人間なんだから」は通用しない

　郷に入っては郷に従えと言いますが、私たちが海外旅行に行くときと同様に、実習生が当地のしきたりをあらかた学び終えてから来日するのは不可能です。

　実習生は、日本人の行動様式に接して戸惑うことが多いでしょうし、受け入れ側も実習生の行動に違和感を抱くことが多々あることと思います。

　大小さまざまな文化摩擦が起こるなかで、同じ人間なんだからいつか自然とわかり合える日が来るかというと、それは非常に難しいです。文化摩擦を解消するためには、それなりの覚悟と心がまえ、そして考え方のシフトが必要です。

2 自文化・異文化のとらえ方

● お互いの違いを感じるところからスタートする

　本章では、お互いの文化、常識、価値観が異なることを前提として、それらを受け入れ、理解し合うための1つの考え方を示します。

　これから実習生を受け入れる方にはすぐに実感がわかないかもしれませんが、将来、実習生と接するなかで、あの話はこういうときのための心がまえだったのかと思い当たる日が来ると思いますし、すでに実習生を受け入れている人には、自身の経験について

裏づけが得られ、さらなる問題解決につながることを期待しています。

● 日本の文化とは？

　日本の文化とは？　と言われて何を思い浮かべるでしょうか。頭に思い浮かんだものを書き出してみてください。

日本の文化とは？

　和食、着物、お寺・神社などは、比較的すぐに思いつくのではないでしょうか。これらは、目にみえるものであったり、学習から得られるもの、伝統文化など、普段意識しているものと言えます。

　しかし、文化はこのようなものばかりではありません。意見の言い方、お願いの仕方、断り方、謝り方、注意の仕方、アイコンタクト、時間の感覚、職業観など、普段意識していない事柄にも日本人特有の方法や価値観があり、これらも集団によって共有されている文化と言えます。

● 氷山の一角

　アメリカの文化人類学者エドワード・ホールは、こうした文化の構造を氷山（ 図1 ）に例えました。

　文化のうち普段から意識されていて目にみえる事柄は、氷山の海面より上の部分に当たります。そして、それは全体のほんの10％ほどでしかありません。残りの90％は海面下に隠れていて、普段は自分たちの文化であることが意識されていない事柄です。そのため他の文化との違いに気づきにくく、文化摩擦が起こりやすい、すなわち価値観の衝突が起こりやすいと言われています。

図1 文化の構造

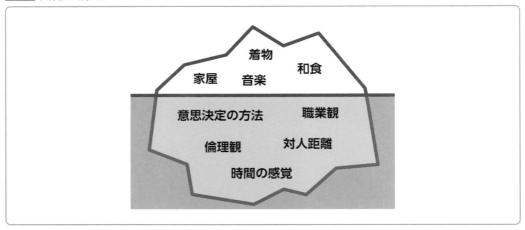

●「良し悪し」ではなく「異なり」ととらえる

例えば旅先やテレビで海外の街並みや人々の暮らしぶりを目にしたとき、私たちは、その国の民族衣装など目にみえる文化に対して、そんなものを着るのは常識的におかしいなどと感じることは少ないと思います。これは文化を「良し悪し」で評価しているのではなく、「異なり」としてとらえているからです。

ところが、直接外国人と接するなかで、お願いの仕方や断り方などが自分のやり方と違うと、人にものを頼むときはこうするのが常識だ、というふうに「良し悪し」で評価してしまいがちです。

文化と文化の間にあるのは、「良し悪し」ではなく「異なり」です。目にみえない文化に対しても自分の常識を基準にして評価するのではなく、「異なり」ととらえることが大切です。

● 日本人なら同じか？

普段意識されていない、いわば目にみえにくい文化は、他の文化と衝突が起こりやすいということですが、では、同じ文化を共有する日本人同士であれば、価値観や行動様式は共通しているのでしょうか。

このことをアイコンタクトを例に考えてみます。アイコンタクトとは、ここではコミュ

ニケーションをとるときに相手の目をみるか否か、もしくはどの程度相手の目をみるかという行動様式のことを言います。

　次の状況で、みなさんはどの程度相手の目をみて話しているでしょうか。自分の行動を振り返り、当てはまるものを下の1〜4のなかから1つ選んでください。そうする理由も考えてみましょう。また周囲の人はどんな行動をとるのでしょうか。ぜひ周囲の人と一緒に考え、意見交換をしてみてください。

【状況1】上司から注意を受けているとき

【あなたの行動】　　　1　相手の目をじっとみる

　　　　　　　　　　　2　相手の目をときどきみる

　　　　　　　　　　　3　相手の目をあまりみない

　　　　　　　　　　　4　相手の目をほとんどみない

【状況2】初対面の人と世間話をしているとき

【あなたの行動】　　　1　相手の目をじっとみる

　　　　　　　　　　　2　相手の目をときどきみる

　　　　　　　　　　　3　相手の目をあまりみない

　　　　　　　　　　　4　相手の目をほとんどみない

（八代京子他著『異文化コミュニケーション・ワークブック』三修社、p.84、2001 を参考に作成）

● 日本人でも違う

　ある研修会で、50名ほどの日本人の参加者に対してこのアイコンタクトの質問をしたところ、参加者の回答はいずれかの選択肢に集中するのではなく、多少の差はあるものの、どの選択肢も一定程度選ばれるという結果になりました。

　同じ文化を共有している日本人でも、上司から注意を受けているときに相手の目をじっとみる人もいれば、相手の目をほとんどみない人もいるのです。

　アイコンタクトの行動は人それぞれで、決して一様なものではなかったのです。このような結果は、別の研修会においても得ることができました。

● 注意を受けているときに、なぜ相手の目をみるのか

　注意を受けているときに相手の目をみるのは、なぜなのでしょうか。下記の会話は、ある研修会で、上司から注意を受けているときに「相手の目をじっとみる」と答えた人とのやりとりです。

> **Q**：なぜ注意を受けているときに、上司の目をみるのですか？
> **A**：きちんと話を聞いて受け入れようとしていることを、上司に示すためです。
> **Q**：では、あなたが上司として部下を注意しているとき、部下があなたの目をみずにいたらどう思いますか？
> **A**：話を聞く気がないのだと思ってしまいます。

　この人にとって、注意を受けているときに相手の目をみるのは、話を聞いているという意思を示すためのものでした。

● 注意を受けているときに、なぜ相手の目をみないのか

　では、注意を受けているときに相手の目をみないのは、なぜなのでしょうか。下記の会話は、ある研修会で、上司から注意を受けているときに「相手の目をほとんどみない」と答えた人とのやりとりです。

> **Q**：なぜ注意を受けているときに、上司の顔をあまりみないのですか？
> **A**：まず、ミスをしたことが恥ずかしくて上司の顔をみられません。それに、注意をしている人の目をじっとみるのは、何か反抗的な態度をとっているように思えるからです。
> **Q**：では、あなたが上司として部下を注意しているとき、部下があなたの目をじっとみていたらどう思いますか？
> **A**：私の話に納得していないのではないか、何か言いたいことがあるのではないかと思います。

この人にとって、注意を受けているときに相手の目をみないのは、反省の意思を示すためのものでした。

● 常識は人によって異なる

みなさんのなかには、「人の話を聞くときは、相手の目をみるものだ。それが常識だ」と思われる人もいるでしょう。

しかし、その「常識」とは、どこで定められ、どの範囲で共有されているものなのでしょうか。もしかしたら、幼い頃に親御さんに教えられたものかもしれません。

では、親御さんはどこでその常識を手に入れたのでしょうか。その答えは誰にもわかりません。なぜなら、常識とは自分のなかにつくられたルールに過ぎないからです。ですから、同じ日本人であっても、行動様式や価値観に違いが出てくるのです。

● 異文化理解の態度

同じ日本人であっても常識が異なり、行動様式や価値観に違いがあることをみてきました。外国人と接する場面においては、違いはもっと大きくなることが予想されます。日本で生活するからには日本のやり方に従うべきだという考え方もありますが、それは相手の人格や生まれ育った背景を無視した乱暴な考え方とみることもできます。

外国人や異文化というと、異質なものであって私たちとは距離のある存在ととらえがちです。しかし、アイコンタクトの例でみたように、同じ日本人であっても常識は人それぞれですし、人の行動に違和感を覚えることもよくあります。

そんなとき、私たちはお互いを意識し、相手の立場に立って考え、理解しようと試みます。「異文化理解」とは、このようにお互いの違いを評価せず、尊重し、理解し合おうとする態度のことです。

第2節 多様な文化と共生するために

1 自分とは別の常識がある

　ずいぶん前に聞いた話ですが、海外には夜間に自動車を運転するときにライトを点灯しない町があるそうです。日本の道路事情からは考えられないことですが、対向車を運転する人が目がくらんで事故を起こさないように、ライトをつけるのは最低限にするのがその町のマナーだそうです。

　所変われば常識も変わります。私たちにとって想像できないようなことでも、常識をシフトすればごく自然な行動にみえることがあります。

● 解釈の幅を広げる

　異文化に遭遇したとき、直ちに自分の常識で評価せず一歩立ち止まれるようになるために、常識をシフトする練習をしましょう。

　次のイラストは、電車のマナー啓発のためのイラストです。これをみたほとんどの人が、「電車には降りる人がすんでから乗る」というマナーを訴えているものと解釈することと思います。しかし世界中の人がそう解釈するとは限りません。文化的な背景の違いによって、さまざまに解釈されるはずです。

例えば下のような解釈が成り立つとします。私たちにとっては、なぜこんなマナーが必要になるのか理解に苦しむところですが、この解釈が成り立つ場合、こうしたマナーを必要とする当地の常識や文化的な背景があるということになります。

> ①子どもは先に乗せてあげましょう！
>
> ②お年寄りは早く降りられるように準備しておきましょう！
>
> ③乗り遅れないように、素早く乗り込みましょう！

● 解釈の背景を想像する

それぞれの解釈が成り立つ背景を想像してみてください。そして周囲の人にも考えてもらい、意見交換をしましょう。

下に背景の例を挙げます。これが正解というわけではありません。自身の想像したものと比較したり、これ以外の解釈も考えてみましょう。

①子どもは先に乗せてあげましょう！の背景

子どもに焦点を当てた場合はどうでしょうか。子どもは身体が小さいですし、揺れる車内で立っているのは危険ですから、早く乗せて、座らせてあげたほうがよさそうです。弱者を守るために、子どもを気遣うのは当然のマナーです。

②お年寄りは早く降りられるように準備しておきましょう！の背景

イラストのなかのお年寄りに目を向けると、電車から降りるのに苦労しているようにみえます。お年寄りは素早く動けませんので、降車に時間がかかり遅延の原因となりそうです。電車の到着に合わせて降車できるように、前もって準備しておいたほうがよいのです。

③乗り遅れないように、素早く乗り込みましょう！の背景

電車を利用する人がとても少ない国・地域の人にとってはどうでしょうか。ほとんど降りる人がいない駅では、電車はすぐに出発してしまうかもしれません。遅延防止のために素早く電車に乗り込まなければならないのです。

1枚のイラストから、普段想像もしない解釈が成り立つことがわかりました。そして、想像もしなかった解釈であっても、その背景、つまり別の世界の常識に照らせば、その解釈はごく自然に成り立つことがわかると思います。

2 違和感には理由がある

前記の例は、常識をシフトするための架空のものでしたが、異文化に接するなかでの違和感には、実際にはその背後にすべて何らかの理由があります。ここからは、その実例をみていきましょう。

【ケース1】

来日したてのある外国人を、日本料理の食事に招待しました。食事中にお刺身をすすめたところ、次のように言われて断られてしまいました。

私はお刺身は好きではありません。舌触りがよくないし、においも苦手です。魚は焼いたもののほうが好きです。

Q1：あなたは、苦手な食べ物を断るときに何と言って断りますか。

- -

Q2：あなたがこのような断り方をされたら、どんな気持ちになりますか。

- -

Q3：この外国人は、なぜこのような断り方をしたと思いますか。

- -

● 人間関係づくりの方法の違い

この女性は「好きではありません」「舌触りがよくない」「においも苦手」と、自分の嗜好を直接的に述べ立てています。これが違和感の原因です。日本人の場合は、嗜好を述べて断るにしても「においがちょっと…」のようにすべてを言いきらず、遠回しな言

い方をするところです。よかれと思ってすすめてくれた相手を慮り、「すみません、お刺身は…」のようにお詫びの言葉を添えることもあるでしょう。

　なぜこの女性は嗜好を直接的に伝えるのでしょうか。そこには文化的な背景が影響しています。

　この女性の生まれ育った国には、知り合った人と早く近しい関係になれるように、自分の趣味嗜好をはっきり伝えたほうがよいという文化があったのです。日本人だったら、こんなふうに断られたら口をつぐんでしまうところですが、この女性の国では、この会話の後に「じゃあ、どんな食べ物が好きですか？」など、さらに会話が弾む展開があるのかもしれません。

　このケースの違和感の原因は、人間関係づくりの文化の違いにあったと言えます。

【ケース2】

　男性の実習生同士が、手をつないで歩いているのをみかけました。

Q1：なぜ手をつないでいると思いますか。

Q2：あなたが手をつないで歩く相手は、どんな関係の人ですか。

● 人との距離感の違い

　人は相手との関係性によってその人との間に適度な距離を保とうとします。逆に言えば、相手によってこれ以上近づいてほしくない距離というものがあります。例えば仕事の取引先の人が自分のすぐ隣に座り、顔がつくほどの近い距離で話しかけてきたら、とても違和感があると思います。少なくともテーブルを挟んで座るぐらいの距離がほしいところです。しかし、家族や恋人の場合はどうでしょうか。ソファで肩が触れ合うほどの距離に座っていても違和感はないはずです。ちなみに前のページのイラストの2人は家族でも恋人同士でもありません。

　このような、相手との関係性による距離感のことをパーソナルスペースと言います。前出のエドワード・ホールはこれを **図1** のように4つの領域に分類しました。この図をみると、手をつなぐ距離に入ってきても違和感がない相手は、家族や恋人といったごく近しい人ということになります。

　ところが、パーソナルスペースは文化によって距離感が変わると言われています。海外に旅行したときに、この国の人はどうも距離が近いなと思ったことがないでしょうか。実はイラストの2人が暮らす国も距離が近い国で、私たちの感覚とはちょうど1つ分、距離感が違うようです。つまり、私たちが恋人や家族しか許容しない距離に友人が入っ

図1 パーソナルスペース

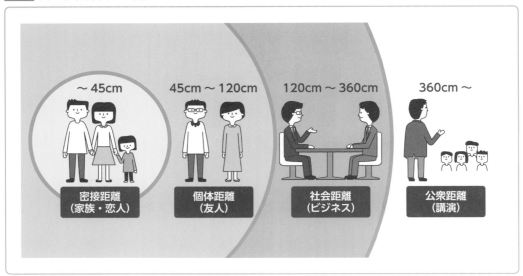

~ 45cm　　45cm ～ 120cm　　120cm ～ 360cm　　360cm ～

密接距離（家族・恋人）　　個体距離（友人）　　社会距離（ビジネス）　　公衆距離（講演）

てきても、不快に感じない文化に暮らす人たちなのです。

　ですから、男性が男性の友人と手をつなぐことは、彼らにとってはごく自然なことなのです。

【ケース3】

　実習生から、次のような相談を受けました。

> 昨日、会議室の片づけをしていたら、主任に「なぜ窓が開いているの?」と聞かれました。私は窓を開けていないので、「わかりません。窓ははじめから開いていました」と答えたら、主任は怒ってしまいました。私はどうすればよかったですか?

Q1：主任は、実習生に何をしてほしかったと思いますか。

- -

Q2：実習生は主任の言葉をどのように解釈しましたか。

- -

Q3：主任は、実習生に自分の意図を伝えるために、何と言えばよかったと思いますか？また、それはなぜですか？

- -

● コミュニケーション・スタイルの違い

　なぜこのようなすれ違いが生じたのでしょうか。主任は「なぜ窓が開いているの？」という表現で、「窓を閉めてほしい」もしくは「窓が閉められた状況で作業が行われるべき」といったことを伝えたかったものと考えられます。これに対して実習生は主任の発話の意図を理解せず、目の前の事態を説明しています。

　主任の発話のように、リクエストを直接的に表現せず、その場の状況等を示して相手に働きかけるコミュニケーション・スタイルは、日本語ではよくみられます。例えば「暑いですね」と言ってエアコンの温度を下げてほしいことを伝えるものや、「お腹がすきませんか？」と言って食事に誘うものです。

このように、状況や文脈に依存して相手に発話の意図を伝えようとする文化を、前出のエドワード・ホールは、高コンテクスト文化と呼びました。

高コンテクスト文化でのコミュニケーションは、発話された言葉そのものの意味よりも、その発話がどんな状況でなされたかに依存します。一方、この実習生は言葉のそのままの意味を理解しようとしていることから、低コンテクスト文化に属していることが考えられます。

このケースで誤解が生じた原因は、文化によるコミュニケーション・スタイルの違いにあったようです。低コンテクスト文化の人に対しては、「窓を閉めて片づけをしてください」のように、発話の意図を直接的に表現するほうが伝わります。

もちろん個人差がありますし、同じ日本人であっても低コンテクスト寄りの人がいるかもしれません。会話の際には、コミュニケーション・スタイルの違いがお互いの理解に影響することを意識してみてください。

③ 異文化に接する際の心がまえ

● 評価する前に受け止める

ここまでさまざまな異文化の事例をみてきました。異文化を理解するためには自分の常識をシフトしてみることが重要なこと、また理解しがたい行動の背後には必ず理由があることがわかりました。

しかし、理解しがたいケースについて、その理由をあらかじめすべて知ることは不可能ですから、私たちはむしろさまざまなケースに対応できるように、異文化に接する際の心がまえをもっておくことが重要です。

まず、すぐに評価することは避けましょう。評価は偏見につながります。男性同士が手をつないでいるのをみて「何か変だ」と思うことは、すでに悪意を含んだ評価をしていると言えます。

ではどうするか。目の前の出来事を、ありのまま言葉にして受け止めてみましょう。例えば【ケース1】で目の前で起こっていることは、「この人はお刺身について思っていることを話している」ということです。「こちらがせっかくすすめているところ、はっきり断っている」ということではありません。このように評価を保留して、受け止める

ことは偏見の形成を防ぎます。

　一旦受け止めることができたら、次に、目の前で起こったことの文化的な理由を想像してみましょう。違和感の原因は、目の前の個人ではなくその人の背後にある文化にあるかもしれません。何か合理的な理由があるはずです。

　このように、理解しがたい言動に出会ったときは、すぐに評価することはせず、一旦受け止めることが重要です。

● 対話のなかで指導する

　実習生に対して異文化理解の態度をもって接することは、協働を実現するために大切なことです。しかし、日本社会において違和感を与える言動をすべて受け入れればよいかというと、そうではありません。場合によっては利用者やその家族に不快な思いをさせることもあるでしょうし、それが原因で実習生が不利益を被ることもありえます。

　実習生には少しずつ日本の行動様式に慣れてもらう必要がありますが、日本ではこうするものだ、という指導は禁物です。

　実習生の違和感のある言動に対しては、日本人とどう異なっているのか、その言動を日本人はどう感じるのか、どうすれば快く受け止められるのかといったことを、時間をかけて論理的に伝えていくことが大切です。

　また、これらを一方向のコミュニケーションで伝えるのではなく、対話のなかで伝えながら、お互いの異なりを受け止め、理解していくことが重要です。そのためには、日頃の何気ないコミュニケーションを大切にして、言いにくいことを伝えられる信頼関係を築いておきましょう。

第3節 多様な文化に配慮した環境整備

1 多様性への配慮の仕方

　多様性への配慮においては、指導員をはじめとした受け入れ側が考え方を変えていくことに加え、周囲を含めた環境整備が必要不可欠です。以下に挙げる環境整備の例は、多様性への配慮を体制で担保することに役立ちますし、さらには実習生や指導員等の担当者の孤立を防ぐことに役立ちます。

● 個々人に目を向けること

　実際に実習生を受け入れ、異文化を受け止めようと努めるなかで気をつけなければならないことは、「○○人は〜」という思い込みです。

　大まかに考えれば一定の傾向があるかもしれませんが、その国の人がすべてそうあるはずがありません。私たち日本人と同様、人によってさまざまな個性があります。

　「○○人は〜」という思い込みをもって対応すると、予想と違ったときに用意した解決策が役に立たなくなりますし、さらに「どうせ○○人は〜」といった悪意が加わることで思い込みが偏見に変化し、冷静な判断を下すことができなくなります。

　そうならないために、異文化を受け止めると同時に、行動の観察や面談などを通して実習生個々人の特質（性格、興味、特技など）を知ることに努めましょう。

● 行動を観察すること

　実習生個々人を理解するために、毎日の行動を時間、場面をある程度固定して観察しましょう。食事の好き嫌いといった小さなことから、学び方・働き方の違いなど、個々人の特性を理解するための観察であって、問題行動を発見するような監視にならないように注意してください。

　行動観察のタイミングとしては、次のような場面が挙げられます。

・指導を受けているときの行動や態度
・利用者さんと接するときの行動や態度
・休み時間中の他の職員とのやりとり

　行動観察は、どうしても観察者の主観的な解釈が入ってしまいます。観察が客観的な

ものになるように、できるだけ複数人で連携して行い、結果は施設内で共有するようにしましょう。

● 定期的な面談を行うこと

面談の目的としては、実習生がどのような不安や不満を抱えているかを理解し、業務の改善に役立てることであったり、求めていく技能レベルなど、仕事の見通しを共有して意欲の維持向上を図ることなどが挙げられます。

これらは業務上とても重要なことですが、来日からしばらくの間は、人となりを知り、良好な人間関係をつくる機会として面談をとらえることが重要です。面談ではいきなり本題に入ることはせず、国のことやテレビ番組のことを話題にするなど、リラックスしたコミュニケーションを積み重ねていきましょう。

また、特に来日間もない実習生は、日本語と業務の大量のインプットで精神的に疲弊してしまうことが予想されます。この時期の面談では、通訳を交えて母国語でアウトプットする機会を設けられるとよいです。

● 相談体制を整えること

行動観察や面談のような能動的な働きかけとは逆に、実習生のほうから気軽に相談できるような受け皿も用意しましょう。実習生の相談は日時を限らず受けつけられることが理想的ですが、それが難しい場合は、○曜日の○時〜○時のように曜日と時間を固定して相談を受けつけられるようにできるとよいです。

実習生によっては、相談内容はもちろんのこと、相談していること自体を人に知られたくないと思う人がいるかもしれません。プライバシーに十分配慮する必要があります。

● 雑談を大切にすること

前述のような行動観察、面談、相談体制を、実習生の担当者だけで実施・維持していくことは、時間的にも精神的にも負担が大きく、非常に危険です。担当者の負担を分散させられるよう、担当者以外の職員も普段から実習生と積極的にコミュニケーションをとるようにしていきましょう。

日常のコミュニケーションが、実習生のストレスを小さな芽のうちに摘み取るきっかけになり、担当者の負担を相当減らすことになります。

● 地域社会の理解を得ること

　実習生は、介護従事者であると同時に地域社会を構成する生活者でもあります。地域によっては、日常、外国人と接する機会が少ないことから、住民との間で文化摩擦が生じることが予想されます。

　そうしたことを防ぎ、地域社会の理解を得ながら技能実習を行うために、実習生には地域の構成員として守らなければならない交通ルールや地域社会のルール（買い物の仕方、ごみの捨て方、公共施設の使い方など）などを身につけてもらう必要があります。

　地域社会に慣れ親しんだ者にとっては当たり前のことであっても、実習生にとっては非常に細かいルールに思えるかもしれませんし、文化的な差異から違和感を覚えるかもしれません。最初は一緒に買い物に行くなど、実体験をともにしながら指導していきましょう。

【参考文献】
・コミサロフ喜美「第4章 非言語コミュニケーション2 アイコンタクト」『異文化コミュニケーション・ワークブック』三修社、p.84、2001

第 3 章

技能実習生に移転すべき
日本の介護の技能とは

介護職種の「移転すべき技能」とは何か

1 「介護職種」において技能移転に取り組むことの意義

　技能実習制度は、開発途上地域等への技能等への移転を図り、その経済発展を担う「人づくり」に協力を目的とした国際協力・国際貢献のしくみです。「外国人の技能実習の適正な実施及び技能実習生の保護に関する法律」（以下、「技能実習法」）第1条（目的）においては、「（中略）技能実習の適正な実施及び技能実習生の保護を図り、もって人材育成を通じた開発途上地域等への技能、技術又は知識の移転による国際協力を推進することを目的とする」と記されています。

　このため、当該制度の対象となる職種を検討する際には、実習生を送り出す側の国において、その国では修得等が困難な技能等であることが前提となります。

　例えば、日本では、1987（昭和62）年に世界的にもめずらしい「社会福祉士及び介護福祉士法」が施行され（多くの国では「看護」と「介護」を別の資格として区分けしていません）、介護に係る一定の知識や技能が体系化され国家資格とされました。これを受け、養成カリキュラムやテキスト等が策定されるとともに、介護福祉士の養成に取り組む養成施設等が整備されています。このように、国内での技能等の習得が可能な体制が整えられているわけです。

　また、実習生を受け入れることのできる「実習実施者」については、技能実習を行うための適正な体制及び設備等を有していることが求められています。この実習実施者の対象施設については、「介護福祉士国家試験の受験資格要件において「介護」の実務経験として認められる施設のうち、現行制度において存在するものについて、訪問介護等の訪問系サービスを対象外とした形で整理したもの」とされており、老人福祉法・介護保険法関係のみならず、障害者総合支援法関係、児童福祉法関係、生活保護法関係、その他の社会福祉施設等、病院又は診療所と多岐にわたっています。

　このように、国際協力・国際貢献という国家間のスキームのなかで「技能を移転すること」の意味は、移転する側の国において技能、技術又は知識が確立されていることが必要であり、移転を求める側の国においても、今後の経済発展を担う人材育成として位置づけられていることが必要となるのです。このため、技能実習制度においては、実習生を送り出す国と日本との間で二国間取り決め（協力覚書）が作成されており、その数

も14か国（ベトナム、カンボジア、インド、フィリピン、ラオス、モンゴル、バングラデシュ、スリランカ、ミャンマー、ブータン、ウズベキスタン、パキスタン、タイ、インドネシア：2021（令和3）年7月現在）となっています。

　技能実習制度において対象となる職種・作業は、「農業関係」「漁業関係」「建設関係」「食品製造関係」「繊維・衣服関係」「機械・金属関係」「その他」と多種多様で、82種150作業（2021（令和3）年7月現在）にも及びますが、そのほとんどは「対物サービス」であり、日本が得意として、世界からも注目された「ものづくり」における「作業」が移転対象とされてきました。しかしながら、近年では「おもてなし」に代表される日本の「対人サービス」についても、世界からの注目が高まりつつあります。

　日本は、これまでにもさまざまな形で国際協力・国際貢献を行ってきていますが、世界的に急速な高齢化が進むなか、介護の問題は各国政府の重要な課題として深刻化しつつあり、この技能実習制度に対人サービスとして初となる「介護職種」が追加された意義は、極めて大きいといえますし、日本において長年培われてきた「介護技能」が、今後、世界的に注目されることとなるのです。

② 「介護職種」において移転の対象となる介護業務の整理

　日本の介護の専門性については第1章第1節 ④ （p.5 参照）で説明していますが、「社会福祉士法及び介護福祉士法」において介護福祉士が行う「介護等」とは、身体上又は精神上の障害があることにより日常生活を営むのに支障がある者につき心身の状況に応じた介護を行うことと定義されています。また、世界的に注視される「認知症」への対応ですが、日本でも2018（平成30）年に認知症の人の数が500万人を超え、65歳以上の高齢者の約7人に1人が認知症と見込まれる状況にあります。このように、認知症ケアについては、すでに介護技能全般において普遍的なものとなりつつあります。

　さらに、技能実習制度において移転の対象となる業務については、次頁の 図1 のとおり「必須業務」「関連業務」「周辺業務」に分類することとされています。これを受け、介護技能実習評価試験では、前述の介護福祉士が行う介護等の定義や、介護を取り巻く状況等を踏まえつつ、介護職における業務の定義を行うとともに、それぞれの業務を 図2 （p.38・39 参照）のとおりに整理しています。

図1 技能実習制度における「業務の範囲」の分類と「介護技能実習評価試験」での整理

> **<必須業務>**
> 技能実習生が技能等を修得するために必ず行わなければならない業務。業務に従事させる時間全体の半分以上。
> ▶ 身体介護（入浴、食事、排泄等の介助等）
>
> **<関連業務>**
> 「必須業務」に従事する者により当該必須業務に関連して行われることのある業務であり、修得をさせようとする技能等の向上に直接または関節に関与する業務。業務に従事させる時間全体の半分以下。
> ▶ 身体介護以外の支援（掃除、洗濯、調理等）、間接業務（記録、申し送り等）
>
> **<周辺業務>**
> 「必須業務」に従事する者が当該必須業務に関連して通常かかわる業務で「関連業務」に掲げるものを除くもの。業務に従事させる時間全体の3分の1以下。
> ▶ その他（お知らせ等の掲示物の管理等）
>
> **<安全衛生業務>**
> 技能実習生の現場での事故や疾病を防止する観点から必ず行う必要のある業務で、必須業務、関連業務、周辺業務の業務ごとに10分の1以上を行う。
> ▶ 介護が利用者の生命、安全に密接に関与するものであることから、「介護職種」の追加にあたっては業界からの強い要請に基づき、技能実習生の現場での事故や感染等を防止する観点も含まれています。

　また、第1章第1節 **5**（p.7参照）において説明した実習生の到達水準についても、「初級」「専門級」「上級」のそれぞれにおいて介護技能実習評価試験の合格に必要な技能およびこれに関する知識のレベルを定めることとしています。例えば、認知症ケアをはじめとした高い専門性が求められる介護については、「利用者の心身の状況に応じた介護」として整理しています。

　このように、「介護職種」において移転の対象となる介護業務については、国内外における介護を取り巻く情勢を踏まえた整理がなされています。実習実施者や指導員をはじめとして、技能実習において指導を行う関係者は、こうした介護業務の整理を十分に

踏まえた適切な指導を行う必要があります。

❸「介護職種」の技能実習における特殊性

　技能実習制度に介護職種を追加するにあたっては、介護サービスの特性にもとづくさまざまな懸念に対応するため、厚生労働省内に「外国人介護人材受入れの在り方に関する検討会」（以下、「在り方検討会」）が設置され、具体的な対応の在り方について「中間まとめ」（平成27年2月4日）が示され、第1章で詳述した「介護職種」の固有要件が定められています。

　この他にも、技能実習を実施するにあたって、「介護職種」としての特殊性があります。

　まず、介護現場では単一の職種だけではなく多職種協働によるチームアプローチが行われていることです。前述したとおり、日本では介護に係る技能、技術又は知識について、国家資格である「介護福祉士」がありますが、その他にも、現場には介護福祉士以外の各種研修修了者等も数多く存在します。また、医師、看護師、リハビリテーション専門職、管理栄養士などの多様な専門職等とも連携しながら介護サービスが提供されています。

　次に、こちらも前述したとおり、「介護職種」の技能実習は、高齢者介護施設のみならず多様な領域の実習実施者において実施されることになるということです。これらの実習実施者で提供されている介護サービスは、高齢者、障害者、児童等の対象者ごとに構築された各種施策の下で提供されています。これらの施策に共通した介護の基本理念として「自立支援」「利用者本位」「利用者自身による選択（自己決定）」などが掲げられています。

　また、技能実習制度の趣旨・目的に照らしては、どの実習実施者で技能実習が実施されたとしても、日本で培われた介護の基本理念や、「介護職種」の基本介護技術を踏まえた技能移転が、適正かつ円滑に実施できなければなりません。

　このため、技能実習の指導を担当する者として、当該職種の技能等について5年以上の経験を有するという要件以外に、「介護職種」の固有要件の1つとして、「技能実習指導員のうち1名以上は、介護福祉士の資格を有する者その他これと同等以上の専門的知識及び技術を有すると認められる者」とされています。

図2 介護職種（審査基準）

業務の定義	○身体上または精神上の障害があることにより、日常生活を営むのに支障がある人に対し、入浴や排泄、食事などの身体上の介助やこれに関連する業務をいう。		
	第1号技能実習	第2号技能実習	第3号技能実習
必須業務（移行対象職種・作業で必ず行う業務）	(1) 身体介護業務 （これらに関連する、準備から記録・報告までの一連の行為を含む） ① 身じたくの介護（1）の3.については、状況に応じて実施） 　1）整容の介助 　　1. 整容（洗面、整髪等） 　　2. 顔の清拭 　　3. 口腔ケア 　2）衣服着脱の介助 　　1. 衣服の着脱の介助（座位・臥位） ② 移動の介護 　1）体位変換 　　1. 体位変換 　　2. 起居の介助（起き上がり・立位） 　2）移動の介助（2. については、状況に応じて実施） 　　1. 歩行の介助 　　2. 車いす等への移乗の介助 　　3. 車いす等の移動の介助 ③ 食事の介護 　1）食事の介助 ④ 入浴・清潔保持の介護（3）については、状況に応じて実施） 　1）部分浴の介助 　　1. 手浴の介助 　　2. 足浴の介助 　2）入浴の介助 　3）身体清拭 ⑤ 排泄の介護（3）については、状況に応じて実施） 　1）トイレ・ポータブルトイレでの排泄介助 　2）おむつ交換 　3）尿器・便器を用いた介助	(1) 身体介護業務 （これらに関連する、準備から記録・報告までの一連の行為を含む） ① 身じたくの介護（1）の3.については、状況に応じて実施） 　1）整容の介助 　　1. 整容（洗面、整髪等） 　　2. 顔の清拭 　　3. 口腔ケア 　2）衣服着脱の介助 　　1. 衣服の着脱の介助（座位・臥位） ② 移動の介護 　1）体位変換 　　1. 体位変換 　　2. 起居の介助（起き上がり・立位） 　2）移動の介助 　　1. 歩行の介助 　　2. 車いす等への移乗の介助 　　3. 車いす等の移動の介助 ③ 食事の介護 　1）食事の介助 ④ 入浴・清潔保持の介護（3）については、状況に応じて実施） 　1）部分浴の介助 　　1. 手浴の介助 　　2. 足浴の介助 　2）入浴の介助 　3）身体清拭 ⑤ 排泄の介護（3）については、状況に応じて実施） 　1）トイレ・ポータブルトイレでの排泄介助 　2）おむつ交換 　3）尿器・便器を用いた介助	(1) 身体介護業務 （これらに関連する、準備から記録・報告までの一連の行為を含む） ① 身じたくの介護 　1）整容の介助 　　1. 整容（洗面、整髪等） 　　2. 顔の清拭 　　3. 口腔ケア 　2）衣服着脱の介助 　　1. 衣服の着脱の介助（座位・臥位） ② 移動の介護 　1）体位変換 　　1. 体位変換 　　2. 起居の介助（起き上がり・立位） 　2）移動の介助 　　1. 歩行の介助 　　2. 車いす等への移乗の介助 　　3. 車いす等の移動の介助 ③ 食事の介護 　1）食事の介助 ④ 入浴・清潔保持の介護 　1）部分浴の介助 　　1. 手浴の介助 　　2. 足浴の介助 　2）入浴の介助 　3）身体清拭 ⑤ 排泄の介護（3）については、状況に応じて実施） 　1）トイレ・ポータブルトイレでの排泄介助 　2）おむつ交換 　3）尿器・便器を用いた介助 ⑥ 利用者特性に応じた対応（認知症、障害等） 　1）利用者特性に応じた対応
	(2) 安全衛生業務 ① 雇入れ時等の安全衛生教育 ② 介護職種における疾病・腰痛予防 ③ 福祉用具の使用方法及び点検業務 ④ 介護職種における事故防止のための教育 ⑤ 緊急時・事故発見時の対応		

関連業務、周辺業務（上記必須業務に関連する技能等の修得に係る業務等で該当するものを選択すること。）	（1）関連業務 ①掃除、洗濯、調理業務 　1. 利用者の居室やトイレ、事業所内の環境整備 　2. 利用者の衣類等の洗濯 　3. 利用者の食事にかかる配下膳等 　4. 調理業務（ユニット等で利用者と共に行われるもの） 　5. 利用者の居室のベッドメイキングやシーツ交換 ②機能訓練の補助やレクリエーション業務 　1. 機能訓練の補助や見守り 　2. レクリエーションの実施や見守り ③記録・申し送り 　1. 食事や排泄等チェックリスト等による記録・報告 　2. 指示を受けた内容に対する報告 　3. 日誌やケアプラン等の記録及び確認（必要に応じて） （2）周辺業務 　1. お知らせなどの掲示物の管理 　2. 車いすや歩行器等福祉用具の点検・管理 　3. 物品の補充や管理 （3）安全衛生業務（関連業務、周辺業務を行う場合は必ず実施する業務） 　上記※に同じ
使用する機械、設備、器工具等（該当するものを選択すること。）	【機械、設備等】（必要に応じて使用すること） ・入浴…介護用浴槽、入浴用リフト、バスボード、浴槽マット、シャワーチェア、シャワーキャリー、浴槽内椅子等 ・移動…スイングアーム介助バー、移動用リフト ・その他…特殊寝台、スクリーンやカーテン等 【用具】（必要に応じて使用すること） ・整容…洗面容器、ブラシ、タオル、ガーゼ、歯ブラシ、コップ、ガーグルベースン、スポンジブラシ、舌ブラシ、デンタルフロス、綿棒、歯磨き粉、マウスウォッシュ等 ・入浴…洗面容器、タオル、ガーゼ、スポンジ、石鹸、保湿クリーム、温度計等 ・食事…食器一式（皿、スプーン、フォーク、ナイフ、箸、コップ等）、食事用エプロン等 ・排泄…ポータブルトイレ、尿器・便器、おむつ（紙製、布製）、タオル、ガーゼ、トイレットペーパー等 ・衣服の着脱…衣類（上着類、下着類） ・移動…スライディングボード、クッション、体位変換器、車いす（自走、電動含む）、車いす付属品、歩行器、歩行補助杖（T字杖、ロフストランド・クラッチ、多点杖、松葉杖等）等 ・利用者特性に応じた対応…義歯、義肢装具、補聴器、コミュニケーションボード、白杖、眼鏡等 ・その他…シーツ、タオルケット、毛布、枕、枕カバー等 　バイタル計測器、マスク、手袋、 　調理用具、掃除用具、レクリエーションにかかる道具、リハビリに関する用具等
移行対象職種・業務とはならない業務例	1. 厨房に入って調理業務のみを行う場合 2. 上記の関連業務及び周辺業務のみの場合

次に、「介護職種」の技能実習は、多種多様な実習実施者において実施されますが、日本で標準化された介護の技能が移転できるよう、実習実施者は「技能実習計画」を立てるとともに、その指導にあたっての体制や環境を整えるよう求められています。

　また、指導員は、こうした専門的知識および技術はもとより、指導にあたってのスキルを身につけておかなければなりません。さらには、現場での技能実習は指導員のみならず、実習実施者全体で取り組むこととなりますから、「技能実習制度」そのものや、「介護職種」の固有要件はもとより、これまで述べてきた技能実習を実施するにあたっての特殊性についても、関係者間で共有し理解を進めておくことが重要です。

　このように、実習生を受け入れ指導を行っていく過程のなかで、実習生はもとより、受け入れた側のスタッフも、自分たちの技能の振り返りを含め、ともに成長していける関係が、望ましい「介護職種」の技能移転の在り方であると考えられます。

技能実習指導員の要件が「介護福祉士」であることの意義

1 「介護職種」固有要件における指導員の要件

　技能実習制度では、指導員による現場でのOJT（On-the-Job Training）を通じて段階的に技能の修得を図ることとされています。このため、技能実習の指導を担当する者は極めて重要な役割を担うことから、当該職種の技能等について5年以上の経験を有するという共通の要件が定められています。

　しかしながら「介護職種」の固有要件においては、これに加えて「技能実習指導員のうち1名以上は、介護福祉士の資格を有する者その他これと同等以上の専門的知識及び技術を有すると認められる者（※看護師等）であること」とされています。

　これは、「介護職種」における技能移転において、実務経験として修得された基本介護技術のみならず、日本の介護の基本理念である「自立支援」、「利用者本位」、「利用者自身による選択（自己決定）」などの指導の重要性に着目し、国家資格である介護福祉士がこのことを十分に修得していると認められることや、技能実習における現場でのOJTにおいて、指導の均質性を確保する観点から、より高い要件とされているものであると考えられます。

　こうした介護の基本理念の重要性については、日本介護福祉士会発行の『介護職種の技能実習指導員講習テキスト』において、指導員が介護の手順や行為の根拠を実習生に伝える際の重要な視点として、次の5項目が挙げられていることからも、これらの重要性が踏まえられていることがわかります。

図1 介護の手順や行為の根拠を実習生に伝える際の重要な視点

○自立支援を理解させる
○利用者主体を理解させる
○利用者特性に応じた対応を理解させる
○介護過程、計画に基づいたチームケアであることを理解させる
○報告・連絡・相談の大切さを理解させる

出典：『介護職種の技能実習指導員講習テキスト』（公益社団法人日本介護福祉士会発行）

2 指導員による「指導」と、試験評価者による「評価」

　技能実習制度においては、前述のように指導員の要件が介護福祉士等とされています。また、実習生は、在留資格の「技能実習第1号」修了時に「介護技能実習評価試験」の初級試験を、「技能実習第2号」修了時に専門級試験を、「技能実習第3号」修了時に「上級試験」をそれぞれ受検することが義務づけられていますが、この「介護技能実習評価試験」において実習生の試験を行う試験評価者についても、介護福祉士の資格要件をベースとした重層的な養成講習の体系が構築されています。

　このように、「介護職種」の技能実習においては、指導員による「指導」の場面と、介護技能実習評価試験における試験評価者による「評価」の場面の双方において、「介護福祉士」資格が求められているのです。つまり、「介護職種」の技能、技術又は知識の移転にあたっては、指導員によるOJTにもとづいた指導と、試験の公正性・公平性を確保する観点から試験評価者が行う試験評価においても、国家資格である介護福祉士として標準化された技能、技術又は知識が「共通のものさし」とされているのです。

　このため、実習実施者は指導にあたっての体制や環境を整えるよう求められていますし、指導員においても、この「共通のものさし」にもとづいた指導を行うことが求められます。現場での指導の水準と試験評価の判断基準がずれていては、不利益を被るのは実習生ということになってしまいます。

3 指導員の選任や養成の重要性

　第1章で詳述したように「介護職種」の技能移転にあたっては、その特殊性に鑑み「固有要件」が定められています。その一部については、本章第1節において解説していますが、それ以外にも、介護職種では「利用者とのコミュニケーション」が重要となることから、実習生には一定の日本語能力が求められています。これと同様に、実習生と指導員とのコミュニケーションも非常に重要となります。

　また、指導員において、前述のとおり「介護職種」の技能、技術又は知識について理解していることはもちろんですが、これらを実習生とのコミュニケーションを図りながら指導していくのには別のスキルが求められます。このため、指導員の選任や養成にあ

たっては、実習生との相性も含めて、十分な配慮が必要となります。特に、その養成に
あたっては、「介護職種」に係る技能実習指導員養成の研修の受講や、「介護技能実習評
価試験」についての十分な理解をしておくことが推奨されますし、こうした指導員を実
習生の人数に合わせて複数名養成しておくことも重要となります。

1 アンケート調査からみえた指導員の不安

　一般社団法人シルバーサービス振興会（以下、「振興会」）では、2019（令和元）年11月下旬から12月中旬にかけて、介護職種における責任者および指導員を対象※①に、郵送によるアンケート調査※②を実施しました（回答数は責任者が310、指導員が303）。

　「事業所における実習生の指導（受入れ）に関する取組みの順調度合い」の設問に対しては、責任者・指導員ともに約9割が順調度合いは高いと回答していました。一方で、指導員に対して、「指導員としての役割に対する不安」を確認したところ、約7割が「不安がある」と回答していました。不安の理由は 図1 のとおりです。

図1 指導員としての役割に不安を感じる理由（複数回答）（n=200）

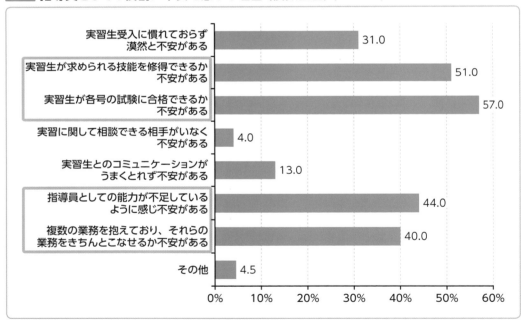

　上位4つの理由をみてみると、「実習生が技能を修得できるのかどうかといった視点」と「指導員自身が適切に指導できるかどうかといった視点」に分けられます。前者は、主語が実習生ではあるものの、技能を教えるのは指導員であり、言い換えれば「指導員は技能を指導できているのか」とも言えます。

　実習生は最長5年間の実習期間がありますが、技能の修得度合いを確認するため計3

回試験を受けることになります。不合格となれば実習の継続は不可となり、帰国しなければなりません。指導員の指導の結果が実習生の人生を左右するという責任が、不安につながっているのだと思われます。

※①　介護技能実習評価試験の受検申請を行ったことがある実習実施者に在籍する技能実習責任者および技能実習指導員（2019年11月上旬までの受検申請受付分）
※②　令和元年度厚生労働省社会福祉推進事業『介護職種における技能実習指導員から技能実習生への適切な技能移転のあり方に関する調査研究事業報告書』

2 指導員向けの「指導ガイドライン」による技能実習の効果的な進め方

　振興会では、先出のアンケート結果を踏まえ、指導員向けの「指導ガイドライン」（p.148参照）を作成しています。そのなかで、第1号実習生の実習を効果的に進めていくために、事業所・施設等が取り組むべきことを5つの段階に区分して整理しています（図2）。

　実際に、実習生を現場で指導するのは「指導員」であるものの、要点の多くが「入国前」や「入国後講習中」「受入れ開始時」と本格的な指導に入る前にあります。これは、指導員だけではなく事業所・施設等全体で取り組まなければならないことを意味しています。

　ガイドラインでは、時系列で指導に関するポイントが掲載され、監理団体や地域とのかかわり方、実習生のモチベーション管理等も記載されていますが、本書では直接的な指導に関するポイントを主な内容としています。本書を作成するにあたり、実習生をはじめ、さまざまな外国人介護職員の受け入れを行っている事業所の方々にヒアリング※③の機会を設けました。具体的な個別事例は第4章で紹介していますが、本章では、移転すべき技能をどのように指導し、修得してもらうのかについて、ヒアリングの内容も踏まえ、説明していきます。

※③　ヒアリングにご協力いただいた方については「第4章 事例提供者」（p.183・184）参照

3 指導にあたることの効果

　実習生を指導し、育成することは簡単なことではありません。しかしながら、指導員にとっても、また他の職員や利用者にとっても思わぬ効果をもたらすことがあります。

実習生を受け入れている事業所からは、実習生はいつも笑顔で丁寧で、利用者に人気があるという声が多く聞かれます。また、職員が実習生に伝わりやすいように話し方を工夫したり、コミュニケーションを積極的にとるようになったことにより、職場の雰囲気がよくなったという声も聞かれています。職員自身は、さまざまな国の実習生からその国の文化や考え方、言語に触れることで、新しい価値観を得ることもできます。

　利用者の満足度が上がり、事業所・施設等の雰囲気がよくなることは、法人の存在意

図2　第1号技能実習の取り組むべきこと

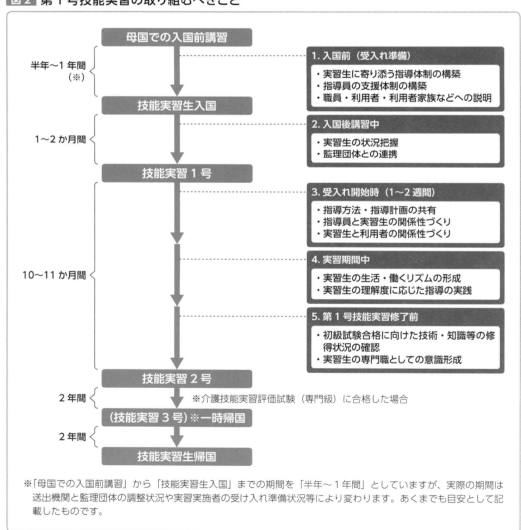

義にも影響を及ぼします。実習生が働きやすい環境、実習生が日本人職員と変わらないくらい一人前に働くことができる環境は、実習生だけでなく他の職員にとってもよいはずです。そして、実習生が「日本に来てよかった」「この施設で実習することができてよかった」と思ってくれれば、嬉しいはずです。

　しかし、この効果は、適切な指導が行われる環境があっての効果です。日本人職員の業務軽減のために、介助を手伝ってもらうという感覚で受け入れては、技能移転どころか、実習生との信頼関係も困難となります。

第4節 技能実習生が技能を修得するための指導のポイント

1 技能を修得するための3つのポイント

(1) 指導の根拠の標準化

　先出のアンケートにおいて、「指導員に対してどのような支援があれば、不安が解消されるか」と質問したところ、半数以上の方が「指導員用マニュアル等指針となるものの活用」と回答しています（本設問の回答は第3章第5節の 図1 （p.55）を参照）。特に、複数の職員で実習生を指導する場合、同じ介護場面にもかかわらず、職員によって指導内容や説明にばらつきがあると、実習生は混乱します。

　そのため、指導内容や指導方法について一定のルールを決めておくことが必要です。市販のテキストを用いる場合もあれば、介護過程にもとづいたケアマニュアルを活用する、個別の利用者のケア記録をもとに指導する場合もあります。大切なのは、移転すべき技能が網羅されていること、そして、それが事業所・施設内で統一されていることです。

　指導内容や指導方法が事業所・施設内で統一されていると、誰がどこまで指導したか、実習生がどこまで修得したかが明らかとなります。また、使用する用語や表現等の統一を図ることができ、指導員独自の解釈を防ぐこともできます。

　しかし、介護はマニュアルどおりですべて対応できるわけではありません。利用者によって、個別に対応することもあれば、介護者の工夫もあり、それがケアの質を高めていることがあります。指導の根拠を標準化することにより、原理原則とそれを超える指導員のその人らしさが明らかになります。

(2) 計画に沿った指導

　実習生を受け入れる際に、実習実施者である事業所・施設等は「技能実習計画」を作成しなければなりません。指導員のみなさんはご覧になったことがあるでしょうか。もし、ご覧になったことがない場合は、まずはその計画を確認してください。

　そこには、実習生の修得しなければならない技能と時間配分が記載されているはずです。この技能実習計画に沿って、さらに詳細なプログラムやチェックリスト等を作成し、実習生の育成計画を立てる必要があります。

　これは、実習生の立場に立つとわかりやすいです。実習生は、実際に事業所・施設等

に配属されてから、7～8か月後に試験を受けることになりますが、試験直前まで経験したことがない介助があれば不安になります。事業所・施設等の種別によって、日々行う介助内容には差はあるものの、いつまでに何を指導するか、いつまでにどこまで修得するのか、計画を立てることが大切です。そして、それは必ず実習生にも共有し、事業所・施設等としても把握できるようにする必要があります。

　計画があれば、仮に指導や修得の遅れがあっても気づくことができ、修正をすることが可能です。

（3）評価とフィードバックの反復

　（2）のとおり、指導員は計画に沿って指導していくことになりますが、実習生が技能を修得しているかどうか、定期的に確認する必要があります。そのためには、何をもってできたとするかといった評価の基準を設ける必要があります。評価基準は指導員だけで共有する場合もありますが、実習生にも共有することが望まれます。

　ヒアリングでは、時間内に業務が完了すると「できた」ととらえてしまう実習生がいるという意見もありました。時間内に終わらせることが必要な業務もあれば、それだけではない業務もあります。何をもって「できた」とするのか、その基準を実習生自身も把握することで、自身の気づきや、また指導員の指導にも役立てることができます。

　評価基準の作成には、（1）のマニュアル等をもとに作成することも可能です。評価基準がない場合は、技能実習計画を細分化する、介護技能実習評価試験課題の評価項目と評価基準を参考にすることもできます。大切なことは評価した内容を実習生にフィードバックするために指導員が自身の評価や基準の考え方について説明できることです。

2 効果的な指導のためのポイント

（1）小さな成功体験の経験づくり

　日本の介護において、「自立支援」は欠かせない考え方ですが、このとらえ方は実習生によってさまざまです。第1章にも記載のとおり、実習生の母国では、「高齢者は敬うべき存在であり、できるだけお世話する」といった考え方があり、「できないことはしてあげたほうが親切」「してあげることで自身の徳を積む」といった考え方も存在し

ます。

　日本の介護のテキストには「自立支援」「残存機能を活かす」ということは頻出し、「できることはしてもらいましょう」というのは介護では当たり前の考え方です。実習生もテキストを読めば、その点は理解しているでしょう。ただし、合点がいくかは別問題です。

　現在は永住権を取得し、日本で就労している外国人介護職員の方に「自立支援」をどのように理解したか確認したところ、次のような話がありました。

母国では、できないことはしてあげるのがよいことであり、介護者がそれを行わず、利用者自身にしてもらうというのは抵抗があった。あるとき、利用者自身にブラッシングをお願いしていると、2週間後、利用者の腕の上がり具合が変わってることに気づいた。介護者がすべて手伝っていたら、そのうち手は動かなくなっていたかもしれない。このときの経験をきっかけに、自身がよかれと思ってしていることが利用者の行動を制限しているかもしれないことに気づいた。

　この場合は、実際にその利用者の変化をみて、「自立支援」の根拠を理解したといえます。また、短い期間で成果がみえたことが自身の気づきにつながり、成功体験になったと話していました。

　このように、指導員が根拠をもって説明をしても、実習生が真に理解できるかどうかは、体験、経験が影響します。技能実習が現場のOJTにより実施される意味もこの点にあります。

　前記の事例はあくまでも一例ですが、実習生に指導した後は実際に体験してもらい、

また、「できた」「変化した」という実感を伴う経験につなげることで、理解できることがあります。

　その他にも、例えば、記録や申し送りによる成功体験もあります。最初から文章を書いてもらうことは難しく、実習生が自信を失ってしまう可能性がありますが、数字やチェックを入れる等の確認事項であればすぐにできるかもしれません。

　実習生自身が、利用者の支援にかかわっている、チームの一員として役に立っているという実感が成功体験につながります。まずは、実習生が「できる」ことを探してみてください。

　「わからないことを教える」のではなく「できることを増やす」という視点に立つことが大切です。これが、実習生の自信ややる気につながります。

（2）実習生の理解度の確認

　先出のアンケート調査によれば、「指導員が伝えた内容に対する実習生の理解度に疑問をもったことはあるか」の質問に、「ない」「ほとんどない」と回答したのは約1割に過ぎず、「時々ある（68.6％）」「よくある（22.0％）」が約9割を占めていました。

　これには、さまざまな理由が考えられます。安易に、実習生が嘘をついている、適当に回答していると考えず、その理由を推察し、背景を理解する必要があります。

＜応答の背景にあるもの＞

・「言語面」
　日本語の指示内容をはっきりと聞きとることができない、聞きとったつもりだが聞き間違えているということがあります。この場合、指導員はできるだけ平易な日本語で伝えること、指示が適切に伝わっているか復唱してもらう、実際に目の前で行動してもらう等の確認行為が必要です。

・「文化面」
　指導員と実習生の間で受け止め方に温度差が生じていることがあります。第2章にもあるとおり、同じ文章でも人によって解釈が異なります。特に、介護と

いう概念がない国出身の人にとっては、介護職の行為一つひとつが利用者の命につながるということを学んではいても、まだ身に染みていないということがあります。「指示内容は理解していたが、それほど重要なこととは思わなかった」ということです。この場合、指示内容が何にもとづくものなのか、目的や根拠を一緒に伝えることが大切となります。

・「実習生という立場の面」
実習生の多くは、借金を抱えて来日し、母国に送金もしています。そのため、職場を辞めて帰国することを恐れる傾向にあります。また、原則、第2号修了時までは事業所の変更は認められていないため、事業所との関係悪化も恐れます。「仕事ができないと思われたくない」「嫌われたくない」という思いから、わからないことを素直に認めるということを避ける場合があります。この場合、指導員はそのような背景を理解したうえで、「わからないことは誰にでもあること」「わからないまま行うことのほうが、利用者にとってもあなた自身にとっても困ること」ということを伝える必要があります。

他にも、何度も聞いては失礼だと思っている実習生もいるかもしれません。指導員は指示をするとき、指示内容、伝え方、相手への確認方法等、さまざまなことに留意しなければなりません。

振興会が実施したアンケート調査によれば、指導員が実習生の理解度を確認するために行っていることとして、①伝えたことを実習生にその場で復唱してもらう、②時間をおいてから、再度本人に確認する、③必ずメモをとってもらう、という取り組みが順に多い結果となりました。

実習生にはわからないまま行うことの危険を理解してもらうことが大切ですが、わからない状態が続く場合は、そもそも指導員の指導内容や指導方法が適切か検証する必要があります。その際も、実習生の「わかりました」と同様、日本語での伝え方が悪いのか、実演していないからイメージがわかないのか、指導員によって指導内容が異なるのか等、さまざまな理由を検証します。

指導内容や指導方法の検証には、コミュニケーションが1番です。指導員同士で指示内容を確認し、実習生との面談を通して、探っていくことになります。

技能を移転するための適切な環境づくり

1 施設の受け入れ方針の明確化

　すでに実習生を受け入れている事業所・施設等も、そうでないところも、実習生を受け入れ、育成していくことについて、改めて見直してください。

　繰り返し述べているとおり、技能実習は単なる介護人材の補填が目的ではありませんが、在留資格に対する認識不足があるのも現実です。また、実習生自身も残念ながら「実習生」として日本で働くことの自覚がない場合があります。

　日本人職員の採用と同様に、技能実習もマッチングが重要です。事業所・施設等は、実習生に対して、受け入れる目的、身につけられる技能、育成プランを提示し、実習生の働く目的、身につけたい技能、将来展望等と合致するか確認する必要があります。事業所・施設等の受け入れ方針が明確になれば、対外的にも説明することができ、内部の指導方針もみえてきます。そのうえで、具体的に指導員の必要人数、教育体制等を組み立てていきましょう。

　実習生も事業所・施設等の職員の1人です。事業所の理念の共有なくしては、ともに働いていることにはなりません。

2 指導体制の考え方

　第3章第3節で指導員の不安について説明しましたが、アンケート上位の「指導員としての能力が不足しているように感じ不安がある」と「複数の業務を抱えており、それらの業務をきちんとこなせるか不安がある」については、指導体制が大きく影響します。

　これに関連して、「指導員に対してどのような支援があれば、不安は解消されるか」というアンケート調査の質問に対しては、次のとおり、体制や指導員への支援を求める回答が多く挙がっています。

　ヒアリングにおいても、適切な技能移転のためには「指導員が孤立しない体制づくりの必要性」を求める声が多くありました。実習生を孤立させないことはもちろんですが、指導員が孤立しては本末転倒です。

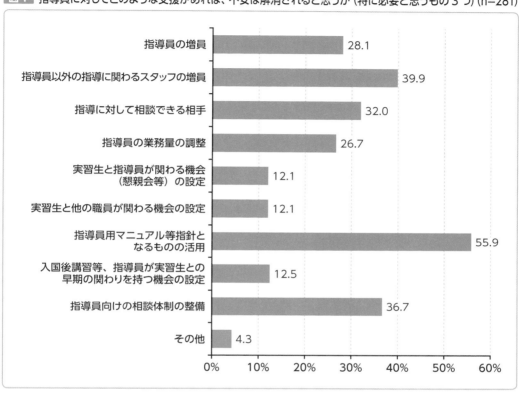

図1 指導員に対してどのような支援があれば、不安は解消されると思うか (特に必要と思うもの 3 つ) (n=281)

- 指導員の増員 28.1
- 指導員以外の指導に関わるスタッフの増員 39.9
- 指導に対して相談できる相手 32.0
- 指導員の業務量の調整 26.7
- 実習生と指導員が関わる機会（懇親会等）の設定 12.1
- 実習生と他の職員が関わる機会の設定 12.1
- 指導員用マニュアル等指針となるものの活用 55.9
- 入国後講習等、指導員が実習生との早期の関わりを持つ機会の設定 12.5
- 指導員向けの相談体制の整備 36.7
- その他 4.3

指導員の人数について

　技能実習では、実習生は基本的に指導員の指示のもと業務に従事します。また、第1号技能実習の試験においては、試験評価者は「技能実習指導員の指示のもと行う介助」を評価することから、万が一、試験当日、指導員が不在の場合は試験が実施できなくなります。

　先出のアンケートで、実習生の受け入れ人数は 1 事業所あたり平均 2.4 人であったのに対し、回答者の事業所・施設等では、5 割弱が指導員は 1 名体制という結果でした。今回ヒアリングした事業所では、いずれも実習生 1 名につき 1 名以上の指導員が配置されています。また、指導員以外にも多くの職員が指導のサポートにかかわっています。

　技能実習制度では、実習生 5 名につき 1 名以上の指導員を配置することが最低条件になっていますが、適切な技能移転のために指導員は何名必要か、指導員以外にも指導に

かかわる職員を配置する必要があるか等、組織の実情も照らして人員体制を考えていかなければなりません。

指導員の選定基準について

繰り返し述べているとおり、指導員は介護技能等について5年以上の経験を有し、さらに介護福祉士の資格を保有する者が望まれます（指導員のうち、1名以上は介護福祉士等の必要有）。アンケート調査での「指導員の選定基準」は下記のとおりです。

図2 指導員の選定について、選定基準はあったか（複数回答）(n=278)

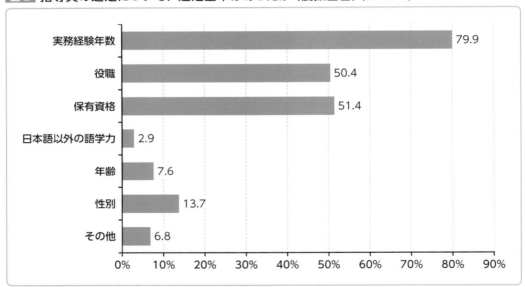

多くの事業所・施設等が、実務経験年数、保有資格、役職にて指導員を選定していることがわかります。例えば、管理職自ら指導員となることで指導体制の統制を図っている法人もあれば、日本人介護職員への指導にあたってきた経験豊富な職員が指導員となることもあります。

また、実習生がわからないことをその場ですぐに確認し、質問できるよう、相談しやすい職員を指導員に選任するケースもあります。どれがよいわけではありません。ここにも法人としての受け入れ方針がかかわってきます。

ここで大切なのは、指導員の選定基準を明確にし、それを事業所内に周知することで

す。指導員のなかには、自身が指導員であることが周知されておらず、他の職員に協力依頼がしづらい、実習生育成以外の業務負荷が以前と変わらないといった悩みを抱えている人がいます。誰が指導員なのか、なぜ選ばれたのかが明確になると、指導員も立ち回りやすくなります。

　また、指導員の基準があれば、指導員をキャリアプランに設けることができ、他の職員が指導員を目指すことができます。実習生が試験に合格したときに、嬉しくて涙が出たという話を聞いたことがあります。育成に関与した実習生が試験に合格した、1人で介助ができるようになったという成長を垣間見ることは、指導員の自信や充実感にもつながります。日本人職員の育成の観点からも、指導員を名ばかりではなく、事業所内でしっかりと位置づけることが必要です。

指導の進捗を報告・共有する場について

　実習生の指導・育成は、指導員だけで行うものではないことはすでにおわかりいただいていると思います。

　そのため、指導員が計画の進み具合、実習生との関係、困っていること等を共有できる場を事業所・施設等として用意することが望まれます。実習生も指導員も事業所・施設等の大切な人材です。どちらも孤立させない方策は事業所・施設等が取り組むべき内容です。

③ 受け入れる際の心がまえ

（1）実習生からも学ぶ意識をもつこと

　指導員を含む事業所・施設等は指導を通じて、実習生から学ぶこと、気づかされることも多いはずです。先ほどの例のように、実習生が「わかりました」と言ってしまうことには多くの理由が存在します。指導員や事業所・施設等は、指導的な立場ということにとらわれ、0か100かで答えようとしてはいないでしょうか。

　明確な回答をすることは大切なことですが、実習生の問いで、改めて利用者に対する介護を見直す機会もあるはずです。それを素直に受け止める気持ちをもちましょう。

　例えば、実習生に「なぜ、こうするのですか」と聞かれたとき、「そう決まってるから」

「日本では常識だから」と回答してしまったことはありませんか。

　「なぜ」への回答は「根拠」でもあります。その場ですぐに応えられなければ、後日回答してもよいのです。実習生への指導を通して、さまざまな課題が明らかになることがあります。それをネガティブに受け止めるのではなく、解決することでよりよいケアの提供、事業所・施設等の運営につながると考えることが大切です。

（2）実習生は自身の鏡である

　実習生の個人差は別として、実習生の行動は指導の結果です。仮に、実習生が利用者に対して「立たないで」「座らないで」と言う場面があるとします。「立つ」「座る」等の用語自体はテキスト等でも学習しますが、「立たないで」と口頭での注意表現は、誰かの真似をしない限り、出てこない言葉です。

　また、利用者への「説明と同意」の場面でも、みえることがあります。多くの事業所・施設等が「説明と同意」は実施していることと思いますが、当たり前のこと過ぎて、いい加減になっている場面はないでしょうか。例えば、寝ている利用者の身体を起こす際、説明と同意は起こす前に必要です。もし布団をかけていれば、布団をめくる前となります。しかしながら、実習生が行う介助では、布団をめくりながら声かけをしている場面が散見されるとの声が聞かれます。

　実習生の行動は、指導員を含む事業所・施設等の日頃行っている行動でもあることを認識し、実習生への注意とあわせて、自身の行動も見直す必要があります。

第 4 章

技能実習生指導の
実践事例

実践事例を読む前に

　本章では、実際に実習生を指導している方や、外国人職員とかかわりのある方々の指導の実践事例を紹介します。

　事例は主に、各々が感じる課題を解決するために取り組んだ内容について記載してあり、数は全部で 18 個あります。すべては技能実習をよりよくするためではありますが、「日本語習得の支援」や「多文化理解の促進」等、事例には特徴があります。下記「事例の一覧」に示す 5 つのキーワードに分類していますので、事例を読む際の参考にしていただければと思います。

　また、どの事例も、結果的に実習生や職員間でのコミュニケーションが促進され、信頼関係の構築につながっています。課題を好機ととらえ、取り組むことも大切です。

　現在、多くの事業所、施設等がさまざまなことに取り組んでいます。ここで紹介するのはあくまでも一事例でしかありませんが、特に、これから技能実習に取り組まれる方、実習生との関係に不安を抱えている方等に参考となれば幸いです。

▶ 事例の一覧

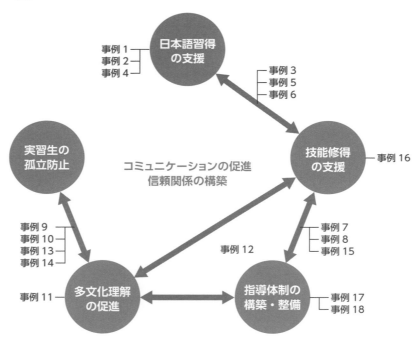

第4章　技能実習生指導の実践事例

多言語テキストを使用し、実習生の日本語習得を円滑にした事例

実習生には日本語で一から教えようとせず、多言語テキストを使用し、まずは母国語で「介護の概念」を理解してもらいました。それにより、日本語習得も介護の用語理解も進みました。

ポイント

・日本語習得には、用語の概念理解が重要
・概念理解は母国語のほうがわかりやすい場合がある
・日本介護福祉士会発行の多言語テキスト（無料）等を活用し、概念理解を促進

キーワード 日本語習得の支援

内容

　私たちの施設では、N4相当の実習生を受け入れていました。彼らは、読み方については推測できるものの、「介護」の概念について、理解していなかったことがありました。

▶ 介護の言葉の理解でのつまずきがあった

　細かく具体的にどこでつまずいているかというと「日本語力」と「介護の理解」でした。
　実習生の母国では、日本語能力もさることながら、そもそも、障害や認知症のある高齢者の生活を支援する専門職である「介護福祉」という概念がない国が多くあります。また、私たち日本人であっても、普段使わない専門用語、一般人では把握していない介護技術やこころとからだのしくみなどがあり、ますます理解を困難にしていました。

▶ まずは母国語で理解する

　そこで、私たちは、「母国語で介護の概念について理解する」という方策をとりました。
　現場に入る実習生は、入国後研修を受けて一定の介護の知識と技術を理解してくるということが前提ですが、改めて自分たちが共通理解できる日本語と本人たちの母国語の

対訳のようなテキストがあると日本語がまだわからない時点での教育はスムーズになると思います。

▶ 公的なテキストを活用した

ところが、実習生の母国語に翻訳された介護のテキストはそんなにありません。

そこで、私たちが活用したのは、日本介護福祉士会が発行している「介護の特定技能評価試験〈学習テキスト〉」でした。これは、同会が厚生労働省から受託して作成した介護の用語を解説するテキストで、英語やベトナム語、ネパール語等10か国の言語に翻訳されています。

テキストの活用は、以下のように行いました。まず、介護の基本については、Off-JTのなかでICFのとらえ方や尊厳、自立支援、生活行為の根拠などについて講師は日本語のテキストで、受講生（実習生）は、自国語で読んでもらい、感想を述べてもらいました。

そして、日本の介護現場で大切にしている価値観、また、自身の自国での高齢者、障害者とのかかわりなどの体験も話してもらい、日本の医療とは違う生活障害のある人の介護について語り合いました。

このことは、とても功を奏しました。スピード重視、業務の効率化だけではなく、身体的、心理的、社会的支援を必要とする認知症の要介護高齢者のこころとからだについて理解してもらえました。さらにはアセスメントの視点も、もつことができました。

▶ その言葉の「概念」の共通理解も必要

ここで得たノウハウは、「言語以外にも概念としての共通理解の重要性」でした。

「介護」という言葉は、日本では単に利用者のできないことをお世話するだけでなく、その人の状態や希望に応じた支援を指します。

しかし、「介護」という概念が母国にない実習生の場合、「介護」という言葉を覚えているだけでは、日本人職員から「介護をして」と言っても、どのようなことをすればよいのか具体的にならず、その職員と十分なコミュニケーションがとれません。これは「ア

セスメント」や「福祉」という言葉なども同様です。

　言語の表面的な理解ではなく、概念を深く理解するのであれ
ば慣れない日本語よりは母国の言語で学ぶほうがより身につき
ます。そうしたうえで、翻訳語版が豊富に用意されている公的
な機関のテキストの活用は有効です。

　これによって、医療的なケアというダメージモデルから、病
院を退院した後の受け皿である介護や認知症があっても、障害
があっても、慢性疾患があっても、最期まで「生きる」をサポー
トする介護の意義について深めることができました。

学習テキストの中身の一部

▶ コミュニケーションがとれれば「絆」が生まれる

　現在、私たちの事業所で他業種から特定技能試験に合格して入職したベトナム国籍の
2名についても、このメソッドで教育を実施しているとともに、他の新人職員と同様に、
自法人の介護職員初任者研修を受講してもらっています。

　日本人と同じクラスに在籍することは、日本人職員にとっても、多文化コミュニケー
ションにもなりますし、言葉がわからない外国人の職員を助けることによってホスピタ
リティと暮らすとしても一体感、絆が生まれます。外国人も含めた初任者研修は3年前
から行っていますが、そのとき入職した介護現場の新人職員については今まで離職者は
おりません。

▶ その他に活用できるテキスト

　紹介したテキスト以外にも多言語化された教材があるため、確認してみてください。
・『介護の日本語』日本介護福祉士会
・『外国人技能実習生（介護職種）のための介護導入講習テキスト』シルバーサービ
　ス振興会　※用語リストのみ8言語対応
・「にほんごをまなぼう」https://aft.kaigo-nihongo.jp/rpv/

事例 2 メモを習慣化させることで、実習生の専門用語の語彙力向上を図った事例

概要

実習生は、日常会話はある程度できるものの、業務で使用する専門用語の習得は難しいことから、メモをとることを習慣づけてもらいました。また、頻繁に使う専門用語をメモや介護記録から抽出し、事業所内での基本的な用語の統一も図りました。

ポイント

・メモをとる習慣をつけ、とった言葉を活用する

・メモを参考に自分なりの単語帳や文章例をつくる

・メモや介護記録から事業所内の専門用語の統一を図る

キーワード 日本語習得の支援

内容

▶ 日常会話はできても、業務内のコミュニケーションが難しい

実習生は日常会話はある程度できますが、介護の専門用語に関してはまだまだ足りない人も多いです。いわゆる語彙力がないと、利用者の見立てや情報の共有が難しくなります。

例えば、何に対して注意されているのかわからずに力任せに介護をしてしまったり、利用者のペースを乱してしまったり、実習生が行った介護内容を指導員が確認するときにも報告の内容がわからないなどということがありました。

これには、もともと介護の考え方が浸透してないのも1つの理由でした。

▶ メモをとる習慣をつけてもらう

語彙力を上げるためには、言葉を理解し、覚えるしかありません。メモをとる習慣のない実習生についてもメモをとることをお願いしました。

メモをとる意味ですが、例えば「褥瘡」という一見、日本人にとっても難しい言葉で

あっても、毎日聞いて、話しているなかで、実習生のなかでは消化され、当たり前の単語になっていきます。このように、よく使う言葉をメモすることで、自分だけの単語帳をつくることができます。

　耳慣れている言葉はいつも使う言葉、すなわち、「やさしい言葉」に変わっていきます。こうして考えると、メモをとることに加え、実習生育成のために言葉についても、ケアチームのなかである程度、実習生が耳慣れている言葉を使うなど、歩幅合わせをするとスムーズに習得できるでしょう。

▶ メモなどをもとに、自分なりの単語帳・文章例をつくる

　メモなどが増えてくると、それらをもとに自分なりの単語帳、文章例をつくり始めました。介護には、「便失禁のため、下衣更衣」「仰臥位から右側臥位へ体位変換した」など、一般的な日本語では使わない特有の言葉がたくさんあります。メモや介護記録から頻繁に使う専門用語や逐語記録などを抽出し、基本的な用語の統一を図りました。

　単語帳は3か月で3冊になりました。

　さらに介護記録のなかから、使用頻度が高い言葉の例文をピックアップして、本人たちに習得してもらったり、先輩職員が書いた日本語を翻訳サイトや翻訳アプリをとおして、理解し、自分の日本語でつくった文面も先輩職員に添削してもらうなどの取り組みも行いました。

　スマホ、パソコン打ちについては、日本人よりもできる外国人も多いため、その点についてはスムーズでしたし、私たちのところで受け入れた実習生を含む外国人職員につ

実習生の単語帳

図1 実習生の単語帳の中身

納得	回避	適宜
了承	不快感	露出
お詫び	負担	避ける
刺激	塗布	配慮
飲用	軟膏	検温
除去	座薬	常食
唾液	浣腸	刻み
返答	昨晩	粗刻み
反応	下衣更衣	超刻み
永眠	立位が悪い（トイレ）	介護食
談笑	腰の痛み	熱感
差し入れ	返答	うとうと
自走	除去	起床時
安眠、浅眠、不眠	欠食	摘便

いては、とても勉強熱心であったため、メキメキ力をつけていきました。

▶ 使えるものは使う

　この事例の趣旨とは異なりますが、もう1つ、つけ加えたいことがあります。それは「使えるものは使う」ということ。仕事以外でも、コミュニケーションの場面を増やしていくと自発的に言葉は増えていきます。そのため、自宅で同じ国同士のスタッフであっても、慣れるまで日本語で話すことを推奨しました。

　私自身は海外で生活していたため、自分の頭のなかで浮かんでいる母国語やドラマ、小説や歌のフレーズを日本語に変換するトレーニングをすると語彙力が上がることも伝えました。

　施設外でも日本語を教えてくれるシニアボランティアの会があったので、その会も有効活用させてもらいました。

　語彙は話す、聞く、書く、読む、と、あらゆる方面を活用することで覚えていきます。あらゆる方策やセミナーなどがあれば余すことなく活用する視点が必要です。

事例 3 インカムを活用して効果的な日本語指導とコミュニケーションの促進を図った事例

概要

日本語のフォローなど、付ききりで丁寧な指導をしたいところですが、物理的に難しい場面もあります。そこで、当法人ではインカムを活用することにしました。これにより細やかで丁寧な指導をすることがしやすくなります。

ポイント

・インカムで日本語に接する機会を増やす

・わかりづらい文章に対するフォローがその場でできる

・実習生の自主的な「発言」の機会になる

キーワード 日本語習得の支援、技能修得の支援

内容

▶ インカムを活用してコミュニケーションを促進

　当施設はインカムを導入しています。インカムとはインターコミュニケーションシステムの略で、複数人でスムーズに連絡を取り合う無線通信機器として、工事現場やイベント会場などで活用されています。

　当施設では、もともと職員同士の業務連絡に際し、PHS を内線電話として使用していました。

インカムの活用

内線電話では、あくまでも１対１の通話であり、ナースコール応対中や他の誰かと通話しているときは当然ながら不通状態となり、すぐに連絡をとることができません。また、通話中はPHSを持つ片手がふさがり、作業中断となることもしばしばありました。

　そこで、館内放送のように同時に複数の職員とリアルタイムに情報共有ができ、かつ双方向にコンタクトがとれることで情報伝達を向上させることができるインカムを使用することで、チームワーク・連携強化につながっています。

　さらにインカムは、通話中に片手がふさがることもありません。

▶ きめ細かい日本語教育につながる

　インカムでの会話では当然のことながら、職員同士の会話をはじめとしたさまざまな日本語が飛び交いますので、日本語に接する機会が格段に増えることにつながります。

　実習生にもインカムを使用させることで、「移乗」や「ショッカイ（食事介助のこと）」など、日頃介護現場で使われる言葉を自然とリスニングすることとなり、理解の促進に役に立ったようです。

▶丁寧な日本語指導が可能になる

　また、インカムのよいところは、現場での出来事とその場面ごとに使われる日本語をリアルタイムで聞くことができ、指導員が離れていても日本語の指導が行える特徴があることです。

　例えば、食事前の時間に職員から「○○さんの誘導誰かいける？」というアナウンスが流れたときに、「今のは○○さんを食堂へお連れするという意味ですよ」とインカムで即座に指導することができるのです。

▶ インカム活用後の実習生の「変化」

　最初はインカムで聞くだけだった実習生も、言葉の意味がわかると、いろいろなことに興味がわいてくるようです。そうすると積極的に業務を覚えようとするといった好循環が生まれます。

　インカム使用後２か月程度で他職員と問題なくコミュニケーションをとれるようにな

りました。また、監理団体が実習計画に組み入れている地域指導員による日本語教育（週1回、2時間）や毎日の朝礼後に行っているeラーニングなども、現場で実際に使う日本語と学習して覚える日本語を反すうしながら覚えることができ、理解促進につながったのだと考えます。

▶ 大勢の前で話す機会を設けて自信をつけてもらう

　ある程度日本語が上達し、利用者との会話や少人数の会議で話す場面ではほぼ問題ないため、さらなる自信をつけてもらおうと朝礼当番（朝礼での司会）を割り当てました。

　当法人の基本方針や今月の目標、当日の様子観察者などを見事に伝えることができ、成長を感じることができました。

　このように実習生が成長している姿をあえて見える化することで、本人や指導者のみならず職場全体のモチベーションアップにつながりました。

事例 4 標準語と方言の使い分けで、コミュニケーションが活発になった事例

概要

普段の指示はできるだけ標準語で説明し、常に理解度を確認することにしました。しかし、利用者との会話には方言も含まれることから、方言に触れるためのルールを設けることで、利用者とも職員ともコミュニケーションを深めることができました。

ポイント

・「できるだろう」「わかるだろう」という勝手な思い込みは禁止
・指導場面ではできるだけ標準語を使用すること
・方言は注意して使用すること

キーワード 日本語習得の支援

内容

▶「できるだろう」という思い込みが仇に

特別養護老人ホームでアルバイトとして受け入れた介護留学生の指導についての話です。

受け入れた直後は、留学生は日本語学校を卒業している方（N3～N4）ばかりでしたので、ある程度の意思疎通はできるだろうという淡い期待が職員の間にありました。

しかし、受け入れたネパール出身2名、ベトナム出身4名の留学生に共通していたのは、何を言われても「はい、わかりました」という返事はあるのに頼んだことと結果が伴わず、現場の職員からは不満の声が出るようになってきたほか、留学生からも「アルバイトを辞めたい」「日本人は不満ばっかり…」というような声が聞かれるようになりました。

そこで留学生を教えている介護福祉士養成校の先生に相談をすると留学生の言う「わかりました」を鵜呑みにしていないか、伝えた（指示した）内容の理解度を確認しているか、方言を多用していないか（意識せず使っていないか）がチェックポイントとして挙がりました。

地方の人だと方言は無意識に使ってしまいますが、学校で標準語で習った留学生には方言で伝えたままにして仕事になるはずがありません。

方言での業務の指示について留学生はどう思っていたのか後でインタビューをしたところ、「日本語なの？」「怒られているのかな…」「意味がわからない」などといった回答が得られました。

「日本語は習ってきているからできるだろう」「わかるだろう」という勝手な思い込みが日本人職員、留学生双方からの不満につながってしまいました。

▶ 職員同士での会話の注意点

留学生に仕事を依頼する場合は、下記の点に注意をしてコミュニケーションをとることにしました。

- ・可能な限り標準語で伝える（その目的まで伝える）
- ・その際、どこまで理解できているか確認する
- ・途中でわからなくなったら、再度確認してもらう
- ・終了後は一緒に確認する
- ※当面は、利用者のケアに影響がない業務を繰り返して、確実にできるようになることを留学生と一緒に目指しました。

▶ 利用者との会話の注意点

職員との会話は標準語で行うことにより、比較的スムーズになってきましたが、利用者との会話には方言の壁が高く、積極的なコミュニケーションを阻害する要因になっていました。

そこで、業務中の空き時間などを利用して、利用者と留学生が話をする場を設け、そこに通訳として職員も入ることにしました。定期的に行うことはできませんでしたが、次のような一定のルールを設け実践を重ねました。

> ・利用者には、留学生の日本語の勉強のために協力してほしい旨を説明し、同意を得る
> ・時間は 10 分以内（長くなると利用者、留学生ともに疲れる）
> ・留学生から声をかける（ネタは何でも構わない）
> ・会話のなかで出てきた方言について意味がわからない場合は、利用者に尋ねる（それでもわからない場合のみ職員が通訳する）
> ・意味がわからなかった方言は、メモに残す
> ・後日、わからなかった方言を使って再確認する

　方言カルタも考えましたが、直接会話するほうが利用者とのコミュニケーションも深まると考え、この方法を続けた結果、方言の理解が進み両者に笑顔が多くみられるようになりました。

▶ その後の変化

● 留学生の変化

・1 つの業務をその目的を含めて少しずつ理解できるようになった

・確実性がアップした

・効率性が上がった結果、次の業務への準備が早くなった

・空いた時間を使って、積極的に利用者とのコミュニケーションをとるようになった

・施設で暮らす利用者が、どういう方々なのかということを考えるようになってきた（授業への向き合い方が変わってきたようです）

● 職員の変化

・自分たちの当たり前が、外国人には通用していないことに気づいた

・手間を惜しまないことで、業務の効率化につながることを実感した

・業務の機能分化を少しずつ意識するようになった

・みられている（留学生から）ことを意識するようになった

利用者のケア記録をもとに日本語の
個別指導を行い、日本語が向上した事例

概要

記録の読み取りや申し送りの理解が難しい実習生に対して、個別に学習の時間を
設けています。実習生自身の日本語力が高まるとともに、日本語を母語とする職
員の側も、わかりやすい平易な日本語の使い方を学ぶことにつながりました。

ポイント

・実習生が実践しているケアの記録をテキストして活用する
・現場の指導以外に、日本語の学習指導時間を設ける
・教える側も平易な日本語の使い方を習得する意識をもつ

キーワード 日本語習得の支援、技能修得の支援

内容

▶ 個別支援の必要性

　日本語の習得度には、かなりの個人差があります。技能実習を始めてしばらくは、
1日の実習を終えた後に、指導にあたる職員と実習生がペアでその日の振り返りを行い
ます。目的は、その日に指導した技能の修得・理解度合いの確認です。

　日本語（主に専門用語）の指導も合わせて行いますが、それだけでは指導が追いつか
ず実習に支障が出る場合は、別に日本語学習の時間を設けることにしました。

　このケースでは、以下の記録にみられるように、現場での実習中の指導だけでは、利
用者とも職員とも基本的なコミュニケーションすらままならない状態にありました。実
習を開始してから2か月くらい経ってから、1週間に2〜3回程度、1か月間集中的に
マネージャー層の職員5名が交代で学習指導を行うことにしました。

実習開始から1か月あまり経った時期の実習振り返り（記録者：指導にあたった職員）

①日本語に関しては、わからないときはわからないような表情をするので、そのときはわかるまで丁寧に伝えていくしかないかなと思いました。きっと言葉がわからなくても、ケアに関しては伝えるときのジェスチャーや、ついている職員のケアをみて覚えている部分が多いのかなと感じました。限界があるかもしれませんが、伝わる伝え方をするしかないと思います。本人は、覚えたことは率先して実践していたので、姿勢はすごくいいなと思いました。気持ちはすごくあるけど、日本語がついてきていないという感じです。

②みなが一度説明したことを忘れているのか同じ質問が多いです。ネギトロ丼や丼についても、何ですか？　という質問がまたありました。聞いてくれるのはいいですが一度説明済みです。メモをとっていないため覚えられないのだと思われます。声が小さいことを伝えると「私って声小さいですか？」と聞かれました。会話がほとんどできず、通訳がほしい感じでした。わからないことは聞き返したりしてくれるのはよかったです。

▶ 日本語学習の方法

　専門用語のテキストは、実習生がケアにあたる利用者のケア記録です。実際のケア場面を思い出しながら学べるので、実習生にとっても言葉の理解につながりやすいようです。実習生と指導者が、次のような記録を一緒に読みます。実習生は、スマホの翻訳アプリを使って母語に翻訳したり、メモをとりながら行っています。

①"入浴時、腹部にかいたような跡で発赤になっている。全身にプロペトを塗布する。"

②"入浴時、痒いところがないか聞くと、両脇腹をかかれる。"

　この記録で実習生がわからなかった言葉は、"腹部""かく""跡""発赤""全身""塗布""痒い""両脇腹"です。①と②の記録で"かく"という行為が"かいたような""かかれる"と表記されているのは、同じ意味ですが、①は推定の意味が含まれていて、②は尊敬の意味が含まれていることを説明します。"腹部""脇腹"については、その語の意味だけではなく、月（にくづき）、が身体の部位に関する言葉だということを説明し、類語（胸部、心臓、内臓、腕など）を教えます。

　学習を始めてから、実習生のチームメンバー（日本人）から、どんな言葉を学んで

いるかを知りたいという声があがったので、「単語
ノート」をつくりました。実習生自身が、このノー
トに「覚えた言葉」「読み方」「意味」を書いて、チー
ムメンバーがノートをみて習得した言葉がわかる
ようにしています。

単語ノートの一部

▶ 取り組みから学んだ2つのこと

　まず、実習生の日本語能力が低いと、発言が少
なくコミュニケーションも難しいため、本人のや
る気がないようにみえてしまうということを学び
ました。

　この状態では、コミュニケーションをとればとるほど負の結果を生みやすくなってし
まうので、早いうちに日本語習得のサポートを行う必要があることを学びました。

　学習を進めるにつれて、実習生の発言も増え、「実習生は、やる気がなかったわけで
はなく、日本語がわからないから発言できなかった」とメンバーの印象も変わりました。

日本語学習8日目の指導にあたった職員の記録
以前、排泄介助の研修（3か月前）でかかわったとき以来だったので、あの頃よりずい
ぶんコミュニケーションがとれてびっくりしました。
本人にもとっても言葉がよくわかるようになりましたね!!　と成長できていることを
伝えています。

　もう1つは、職員側も日本語の使い方を学び、わかりやすい平易な言葉で記録したり、
申し送ったりする必要があるということに気づかされました。

　日本語をどこまで崩して平易にするのかは、標準化が難しいので、実習生一人ひとり
の習得度に合わせて、日本語を母語とする職員も手探りでやっています。

　その過程で、日本語を母語としない職員に伝わりやすい日本語の使い方が徐々に身に
ついてゆくのだと思います。

事例 6 「申し送り」に必要な能力を分解することで、実習生が申し送りをできるようになった事例

概要

実習生が「申し送り」をうまくできなかったため、「申し送り」に必要な能力を分解し、1つずつクリアしていくことにしました。「申し送り」ができるようになったことで、実習生がチームの一員として働いていることを自覚し、業務に対する姿勢にも変化が起きました。

ポイント

・申し送りに必要な能力を分解する

・できないところを実習生とともに確認する

・焦らず、何度でも行う

キーワード　日本語習得の支援、技能修得の支援

内容

▶ 申し送りは高等技術

　実習生は、N4以上の語学力をもって入職してきますが、それでも申し送りは、高度な日本語技術が織り込まれていて、最初は上手にできませんでした。

　申し送りの日本語技術はブレイクダウン（細かく分解して考える）をして、考えました。そこで、申し送りの場面で、「どこが難しいか」、「申し送りにはどのようなプロセスがあるのか」、「どこまでなら修得できるのか」、これらを実習生とともに確認したところ、介護における申し送りには、以下の能力が必要であるとわかってきました。

【申し送りの3つの能力】
　①申し送りの内容を理解している。
　②言葉を要約し、申し送れる。
　③申し送りの内容を記録できる。

この①〜③の能力をどう習得していったのかを、これから紹介します。

▶ ①申し送りの内容を理解している

実習生は①の段階でつまずいていたため、「他職員が言ったことはどういった内容であったのかを自分に申し送ってください」と指導員がミーティング後に復習を兼ねて確認していました。

例えば、「はい、わかりました」という実習生に「何がわかりましたか?」と聞いてみると、答えに窮する場面があります。その点を答えられるようになるまで丁寧に確認をしました。

申し送りはバトンリレーのようなものなので、利用者の状態について、引き継ぐ職員が正しく把握していなければなりません。例えば、熱が出ていた後の食事量、本人の様子など、キーワードになるポイント、申し送るべきポイントについて伝えました。

▶ ②言葉を要約し、申し送れる

私たちの施設では、指導員の指導のもと、実習生を介護の専門家として育成し、チームケアの一員として教育するため、利用者の変化の兆しや業務遂行について、必ず報告するよう意識づけを繰り返ししています。

例えば、認知症の方で、普段より落ち着きがない、もしくはふらつきがあるなど、利用者の状態の違いに気づいている実習生もいました。そこで、そのような「気づき」があった場合は遠慮なく伝えることの重要性を説明しました。

加えて、初期の頃は、介助行為をどこまでやったのかわからず、二度手間になることも多かったため、自分が行った介助はどこまでか、それは完結したのか、なども逐一報告してもらいました。これによって、申し送りの要約スキルだけでなく、「チームの一員として働いている」ということも確認してもらいました。

この作業は実習生も指導員も双方、訂正しながら指導するため、時間がかかります。しかし、「ローマは1日にしてならず」。地道な積み重ねによって、今では的確に申し送りができるようになりました

▶ ③申し送りの内容を記録できる

　漢字圏でない実習生には聞いたことを文字化する際の適切な漢字選び、文法の理解へのハードルがとても高いです。翻訳アプリを使っても、日本語の誤変換で意味がわからないことも多々あります。

　これに関しては、事例2で紹介したとおり、介護記録やメモのなかから、使用頻度が高い言葉の例文をピックアップして、本人たちに習得してもらいました。

　それに加え、先輩職員が書いた日本語を翻訳サイトや翻訳アプリをとおして、理解し、自分の日本語でつくった文面も先輩職員に添削してもらうなどの取り組みを行いました。

事例 7 ケアマニュアルと評価表の作成で解釈の違いを防ぎ、指導の統一を図った事例

概要

介護過程にもとづいたケアマニュアルを作成し、それにのっとり、個別の目標設定をして評価を繰り返し行いました。指導員によって解釈が異なっていた用語も、ケアマニュアルを使用し指導することで、指導の統一も図ることができました。

ポイント

・「ケアマニュアル（母国語併記）」を多職種で共有・活用
・ケアマニュアルにのっとった「評価表（1日の記録）」で評価とフィードバックを行う
・介護用語の統一を図ることで、指導員によっての解釈の違いをなくす

キーワード 技能修得の支援、指導体制の構築・整備

内容

▶ ケアマニュアルの作成

実習生（ベトナム出身）2名に対し、介護主任・ユニットリーダーを中心に、介護技術や用語（日常のコミュニケーションを含む）、業務の指導を行いました。

技術指導や業務に関しては、介護過程にもとづいた「ケアマニュアル（母国語併記）」を活用し、マンツーマン指導を行いました。

また、専門分野に関しては多職種（看護師・機能訓練士・栄養士）の協力を得て、実技を踏まえた体験型指導を行いました。

マニュアルには母国語を併記し、日本語だけでは伝わりづらい部分の理解を深めやすいように工夫をしました。指導の過程では、理解度を正確に把握するために、言葉だけではなく、実行動にて確認をしています。それが、評価につながっていきます。

▶ 評価表の活用

習熟度の評価は日々の評価（「1日の記録」を活用した振り返り）と期間を定めての

3．【排泄介助】Hỗ trợ bài tiết
オムツの種類 Các loại bỉm

（1）オムツカバー（以下：アウター）の種類と吸収量 Loại bỉm bọc (sau đây gọi là: outer) và lượng hấp thụ

1…Lサイズ⇒ヒップサイズ⇒85㎝～120㎝
Size L ⇒ Vòng mông ⇒ 85cm-120cm
2…Mサイズ⇒ヒップサイズ⇒65㎝～100㎝
Size M ⇒ Vòng mông ⇒ 65cm-100cm

※3階介護材料室にて管理。持ち出した際はチェック表に袋数を記入する。
※Được cất ở phòng vật dụng chăm sóc tầng 3. Khi lấy đi thì cần ghi vào bảng check xác nhận số lượng đã lấy.

（2）パット（以下：インナー）の種類と吸収量 Loại miếng đệm (sau đây gọi là: inner) và lượng hấp thụ

ビックパット Big putt　①…緑色 Xanh lá ＿680＿cc
ワイドロング Wide long　②…橙色 Cam ＿500＿cc
パワフルパット Powerful putt　③…黄緑色 Vàng ＿360＿cc
やわらかぴったり Yawarakai pittari ④…白色（テープ付き）Trắng (Kèm băng dính) ＿250＿cc
安心パット Anshin putt　⑤…紫色 Tím ＿120＿cc
※3階介護材料室にて管理。持ち出した際は袋数を記入する。
※Được cất ở phòng vật dụng chăm sóc tầng 3. Khi lấy đi thì cần ghi vào bảng check xác nhận số lượng đã lấy.

清拭タオル（乾）Khăn lau (khô)
※3階介護材料室にて管理。持ち出した際はチェック表に袋数を記入する。
※Được cất ở phòng vật dụng chăm sóc tầng 3. Khi lấy đi thì cần ghi vào bảng check xác nhận số lượng đã lấy.

4．【記録に関して】Liên quan đến việc ghi lại
排泄状況の記録について Về việc ghi lại tình trạng bài tiết
・記録は、いつ、どのような排泄があったのか、ご利用者様を知る為に必要不可欠な物です。正確に入力漏れのない様に記録する必要があります。記録を基に排便のコントロール（下剤の調整など）を行っています。又、排泄ケアの見直しにも活用しているので、しっかりと記録を残すようにする。
Ghi chép lại về việc bài tiết diễn ra khi nào và như thế nào, là việc cần thiết và không thể thiếu để hiểu rõ về NSDDV. Cần ghi lại chính xác và tránh việc nhập dữ liệu nhầm. Dựa vào đó có thể kiểm soát việc đại tiện (như là điều chỉnh thuốc nhuận tràng). Ngoài ra, cũng có thể vận dụng trong việc điều chỉnh cách chăm sóc bài tiết, do đó cần cẩn thận ghi chép lại tình trạng bài tiết.
・グリーンヒル八千代台では、ブルーオーシャンシステム（BO）を使用している。
Ở Green hill Yachiyo dai sử dụng hệ thống Blue ocean (BO.)
排泄状況を記録に残す際には、24時間シートを活用する方法と新規入力する方法がある。
※24時間シートを活用する場合 Trường hợp vận dụng Sheet 24 giờ
1：ログイン後【業務記録】⇒【ユニットシート】とクリックする。
1: Sau khi đăng nhập, vào [Ghi lại nghiệp vụ] ⇒ Click vào [Sheet đơn vị]

2：【プラン表示】をクリック⇒【24時間シート】が表示されます。
2: Click vào [Puran hyoji] (Hiển thị Plan) ⇒ Sẽ thấy hiển thị [24 jikan shi-to] (Sheet 24 giờ)

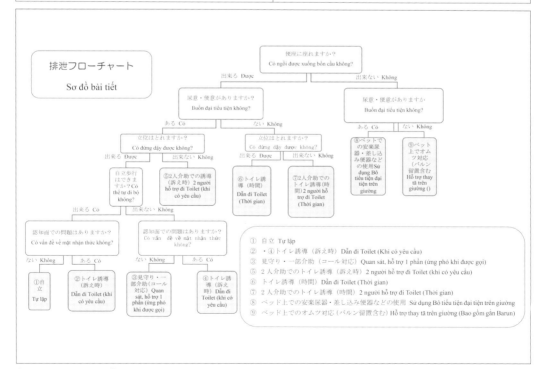

排泄フローチャート
Sơ đồ bài tiết

使座に座れますか？
Có ngồi được xuống bồn cầu không？

出来る Được　　　　　出来ない Không

尿意・便意がありますか？
Buồn đại tiểu tiện không？

尿意・便意がありますか
Buồn đại tiểu tiện không？

ある Có　　ない Không

立位はとれますか？
Có đứng dậy được không？

立位はとれますか？
Có đứng dậy được không？

ある Có　　ない Không

⑧ベッドでの安楽尿器・差し込み便器などの使用 Sử dụng Bô tiểu tiện đại tiện trên giường

⑨ベッド上でオムツ対応（バルン留置含む）Hỗ trợ thay tã trên giường（）

出来る Được　　出来ない Không

出来る Được　　出来ない Không

自立歩行はできますか？Có thể tự đi bộ không？

⑤2人介助での誘導（訴え時）2 người hỗ trợ đi Toilet (khi có yêu cầu)

⑥トイレ誘導（時間）Dẫn đi Toilet (Thời gian)

⑦2人介助でのトイレ誘導（時間）2 người hỗ trợ đi Toilet (Thời gian)

出来る Có　　出来ない Không

認知面での問題はありますか？
Có vấn đề về mặt nhận thức không？

認知面での問題はありますか？
Có vấn đề về mặt nhận thức không？

ない Không　ある Có

ない Không　ある Có

①自立 Tự lập

②トイレ誘導（訴え時）Dẫn đi Toilet (khi có yêu cầu)

③見守り・一部介助（コール対応）Quan sát, hỗ trợ 1 phần (ứng phó khi được gọi)

④トイレ誘導（訴え時）Dẫn đi Toilet (khi có yêu cầu)

① 自立 Tự lập
② ・④トイレ誘導（訴え時）Dẫn đi Toilet (Khi có yêu cầu)
③ 見守り・一部介助（コール対応）Quan sát, hỗ trợ 1 phần (ứng phó khi được gọi)
⑤ 2人介助でのトイレ誘導（訴え時）2 người hỗ trợ đi Toilet (khi có yêu cầu)
⑥ トイレ誘導（時間）Dẫn đi Toilet (Thời gian)
⑦ 2人介助でのトイレ誘導（時間）Dẫn đi Toilet (Thời gian)
⑧ ベッド上での安楽尿器・差し込み便器などの使用 Sử dụng Bô tiểu tiện đại tiện trên giường
⑨ ベッド上でのオムツ対応（バルン留置含む）Hỗ trợ thay tã trên giường (Bao gồm gắn Barun)

ケアマニュアルの一部

評価（1週間後の目標設定）を繰り返していきます。この評価は「評価表」という一定の書式を作成して記入します。

　介護主任を中心に、マンツーマン指導を行った職員（多職種）へのヒアリングと、実習生との面談や実技、業務の実際を評価していきます。前者では指導方法などの課題や解決策、個別の目標設定などを関係者間で協議し共有します。

　一方、後者では、目標に対する到達状況（できること・できないこと）を明確に示し、「ケアマニュアル」にのっとって、目標達成までの道筋をわかりやすく説明していきます。

　介護では、日本語でも人によって解釈が微妙に異なる用語が多数あり、それが実習生の指導の際の障害となることがあります。示したようなマニュアルの作成とこれを活用した指導をすることでそのような解釈の違いを起こさないようにしました。

　また、指導だけでなく、その結果の評価においても多職種でコンセンサスのとれた「評価表」を活用して、フィードバックも用語の混乱なく、統一した指導を行えました。

実際の評価表

事例 8 利用者の「介護記録」ツールを活用して効果的な技能移転を図った事例

概要

実習生の「育成記録」をつけることで、指導員が指導したこと、実際に実習生が行ったこと、振り返ったことをチームメンバーや管理職でタイムリーに記録・閲覧できるようにしています。一人ひとりの技能の修得度合いが共有されているため効果的に育成・指導ができます。

ポイント

・実習生の指導状況、技能の修得状況をタイムリーに記録・閲覧
・指導にあたる職員全員が情報を共有

キーワード 技能修得の支援、指導体制の構築・整備

内容

▶「育成記録」の作成

　外国人に限らず、新しく入った職員には育成の記録をつけています。ツールは、私の施設では利用者の記録用ソフト「ケアコラボ」を使っています。「ケアコラボ」は、スマホやパソコンを使って、タイムリーに記録・閲覧することができます。

　利用者のケア記録と同様に、外国人（新規入職者）を利用者登録し、ケアの記録（タイムライン形式）に指導の記録を入力します。

　以前は手書きの用紙に記録して、本人が専用のファイルに保管していました。しかし、そのやり方では、指導にあたる職員がタイムリーに情報を共有することができずに、誰がどこまで教えたのか、本人が何をどこまでできるようになったのかがわからず、同じことを繰り返し教えてしまったり、1人で任せられる技能の見極めが遅くなったりすることが多くありました。

　今のやり方にしたことで、指導にあたる職員間の引き継ぎや情報共有がタイムリーにできるようになり、より効果的に指導を行うことができるようになりました。

　一方で、指導にあたる職員の負担が増すというデメリットもあります。指導にあたる

職員は、実習生の指導と並行してシフトの業務を行っているので、実習生との振り返りの時間を業務が終わった後に行います。

　振り返りを行った後に記録をつけるので時間的な負担が生じます。ただ、実習生への基本的なケア技術の修得が終わるまでなので、その後のことを勘案すると必要な負担であると考えています。

技能実習開始から１か月半くらい経った日の記録（記録者は外国人職員を指導にあたった人全員）

今日は朝からの業務やケアのほとんどをＲさん本人に指示を出しながらやってもらっています。

【食事】

- ・盛りつけや各食事形態は大体覚えているようでした。食器に記名されていない物があると、まだ覚えていないので難しいと話しています。
- ・朝食時には、お茶の他に牛乳が出る。Ａさん以外は温かくして提供している。
- ・Ａさん、Ｈさんは、水曜と土曜の朝だけは食パンであり、トーストをする。Ｈさんは４等分してマーガリンを塗ることを伝える。
- ・Ｙさんの食事介助はゆっくりで丁寧であり、水分から提供するなどできている。

【排泄】

- ・Ｍさん、Ｔさんのトイレ誘導を行う。Ｙさんのベッド上でのオムツ交換は見守りながら行っています。清拭での拭き方やテープ止めオムツの止め方などは、とても丁寧にできています。
- ・時間はかかっていますが、今は手技やコツを掴んでもらえればいいかと思い、時間のことは特段伝えていません。【清潔不潔】の部分で、リハビリパンツやテープ止めオムツを着け終え、肌着を上げるときには、ディスポーザルグローブを外すことを指導しています。
- ・入浴者が多かったため、午後の排泄解除は、Ｙさん、Ｉさん、Ｔさんのみ陰部洗浄を行ってもらいました。丁寧でした！

【移動移乗】

- ・Ｙさん、Ｔさん、Ｍさんを行ってもらっています。

【質問されたこと】

- ・排便が出ない方はどのように対処しているのですか？
  - →看護師さんと相談して、下剤を飲むか飲まないかを検討する。その人によって内服する内容は異なるが、基本的には夕食後の薬と一緒に内服している。
- ・食べない人はどうしていますか？
  - →（今日はＹさんが朝食をとらなかった）衛生上の理由から提供後２時間で破棄することになっている。Ｙさんの場合は、本人持ちのお菓子などがあるので、食事が無い場合にはそちらを提供する。

【所感】

実際の早番勤務での実習であったため、「時間経つのが早かったです！」と言っていました。どんどん積極的にやろうとしているので、見守りながらやってもらったほうがいいと思います‼

あと、ポケトーク※を持ち歩いたほうがいいと思います。わからない単語などはその場で解決‼

※ポケトーク：自動翻訳機。技能実習中、実習生が携行し日本語がわからないときに、自分で母語に翻訳して確認したり、指導員の説明を翻訳したりして使用。

▶ 実習生と日本人の指導方法や期間の違い

実習生は、最低でも3か月間、指導員がマンツーマンで指導します。日本人職員はシフト（早番・遅番）ごとに5～6日のマンツーマン指導を経て一人立ちを目指します。

実は、研修期間の長短はありますが、実習生でも日本人でも指導内容に違いはありません。

強いて言えば、実習生の場合、言葉の理解に翻訳機を使うことがあるために指導に時間がかかることがあります。また、日本語の習得度合いによっては、現場だけでは技能修得のための指導が進められず、別に日本語学習の時間を設けたケースもありました。

このように、実習生は日本語のハンディを補う必要がありますが、日本人とケア技術の指導の仕方に差をつける必要はありません。

日本語理解のサポートが現場で対応できるレベルかどうかを測るためにも、ここで紹介したように日常の指導の記録で技能の修得度をアセスメントすることが大切です。

事例 9 施設行事として実習生の母国の文化に触れる機会をつくり、実習生、利用者、職員の相互理解を深めた事例

概要

実習生の母国の文化を事業所内で紹介するイベントを開催しました。実習生と利用者が主体的に取り組める内容とすることで相互理解が深まり、実習生の孤立感の解消につながりました。

ポイント

・利用者、実習生、職員のみんなが取り組めるイベントを企画

・職員はサポート役で、あくまでも主体は実習生

・衣装（視覚）と食（味覚）、季節行事を組み合わせる

・利用者にも参加してもらうことで、利用者の自立支援にもつながる

キーワード　多文化理解の促進、実習生の孤立防止

内容

▶ 茶話会企画のきっかけ

　実習生2人が働き始めて3か月。仕事と勉強、異国生活の疲れが色濃くなり、母国ベトナムへの郷愁にかられる姿が見受けられてきました。自分自身が同じ立場だったら…と考えると、その苦労は計り知れないものと思われます。

　そこで、慰労と激励を兼ね、介護主任と実習生とで茶話会を企画しました。テーマは「ご利用者・技能実習生・職員の皆で取り組める、ハッピーな催しを考えよう！」です。

▶「ベトナム料理を楽しむ会」に至った経緯

　実習生から「こうしたい」とは、なかなか切り出せないものなので、彼らから「やってみたいことや得意なこと」などを丁寧に聞きとりました。その結果をもとに、「毎月のお楽しみ会」で「お手製のベトナム料理を利用者と一緒につくって・食べて、楽しんでもらおう」という企画はどうかと提案したところ、「嬉しいです！」と大喜びでした。

　ちょうど「父の日」が近かったため、実施日はその日に即決。メニューは生食を控え、

利用者と一緒に仕込みができる「揚げ春巻き」としました。

　食材などは実習生と一緒に買い出しに行き（栄養士も同行）、企画実施に伴う費用は、施設の企画行事費より拠出しました。

▶ 開催の様子

　結果的に、父の日を「ベトナム料理を食べる会（揚げ春巻き）」と題し、母国の味と（父）親への思いを胸に、利用者や職員みなに振る舞うことで決まりました。

利用者と一緒に揚げ春巻きをつくる様子

　また、せっかくなので民族衣装でキメてもらい、衣装（視覚）と食（味覚）、季節行事（父の日）の組み合わせで、異文化交流と実習生の「ホッと一息」をコーディネート。事前に既存職員とも、情報（目的）共有を行いました。

　そして当日。原色の華やかな衣装をまとった2人に、リビングからは歓声があがりました。いつもの実習生とは違い、衣装や手づくり郷土料理のサポートもあってか、普段よりも柔らかな表情になっていました。

　ここで、茶話会に参加した利用者、実習生、職員それぞれの声の一部を紹介します。

利用者の声：感謝や感動

・「食べたことのない味だったけど、とても美味しかった！」
・「2人が一生懸命につくってくれて、とても嬉しい！」
・「きれいで明るい色の衣装で、元気をもらった！」
・「（民族衣装は）アオザイって言うんだね」

実習生の感想：嬉しさ・アイデンティティ

・「ベトナムの味を「美味しい！」と言って

アオザイを着た実習生

もらえて、嬉しかった！」

・「アオザイ（ベトナム語表記で Áo dài）を着るのは恥ずかしかったけど、みなさんに喜んでもらえたので嬉しかった」

職員の声：尊敬や共感

・普段と違う2人の姿をみて、「アオザイが素敵！」

・「遠いベトナムから来て頑張っているんだな」

・「簡単には真似できない、すごいこと（異国で就労・生活）をやっているんだな」

ベトナムの揚げ春巻き（ネムラン）

▶ 事業所全体の気づきと学び

　多文化交流を業務に取り込むことは、実習生と協働することで、誰もが指導員となり得ることがわかりました。また、お互いを知ることでチーム力の向上にもつながります。

　気をつけなければいけないのは、実習生が主体となり、既存職員はサポート役になるということ。これによって実習生の嬉しさとアイデンティティの確立につながります。

　母国を離れ、異国の地で奮闘している実習生に、利用者・職員とのかかわりのなかでも「ホッと一息」がつける時間を、一緒につくっていけるとよいです。

　お互いを知り、尊重し合うことで「多様性の強みがケアの強み」となり、やがては、職場内の共存共栄（ダイバーシティ＆インクルージョン）に発展するのではと思います。

相手国の料理をともに食べることで、文化の理解、交流が深まった事例

概要

フィリピン料理を楽しむ会を開催。ともに食事をすることは、相手の文化を理解するだけでなく、日本の文化の理解にもつながります。また、食事の好み、レシピ等を通して会話の幅が広がり、交流が深まります。

ポイント

・ともに食卓を囲むこと

・料理は1つの国に限定すること

・日本人側は食わず嫌いしないメンバーを多くすること

キーワード 多文化理解の促進、実習生の孤立防止

内容

▶ 開催のきっかけ

　ベトナム出身の実習生との交流を検討するなかで、身近にフィリピン出身の方もいることに気づき、みなで交流することにしました。特に、主催者となる日本人がフィリピン料理が好きだったこともあり、「本場の味が食べたい」「名物であるバロット（孵化直前のアヒルの卵）を食べたい」ということから、用意する食事はすべてフィリピンで統一することにしました。

▶ 食事会の様子

　参加者は、フィリピン出身の方（定住）2名、ベトナム出身の方（技能実習）3名、日本人6名です。フィリピン出身の方にはフィリピンの家庭料理を複数種類つくってもらい、主催者側でフィリピンのお菓子、デザート、飲み物等をフィリピンストアで用意しました。

　メニューを作成し、当日はフィリピンの方に説明してもらいます。日本人は初めて食べる料理に、興味津々。ベトナム出身の実習生は、ベトナム料理とは違う部分もあれば、

「バロット」は食べるという共通点もあり、会話は大盛り上がりでした。

特に、「バロット」は見た目は普通のゆで卵ですが、中身が異なります。中身は孵化直前のアヒルの卵であるため、日本人には一見抵抗がある食べ物です。日本人参加者のなかには、口が進まない人もいましたが、目の前で美味しそうに食べている人がいると、抵抗感や嫌悪感は薄れます。

「思ってたより美味しい」と2個食べる人も。逆に食べられない人もいました。それはフィリピン出身の方もベトナム出身の方も想定内ですが、食べられる日本人がいるととても嬉しそうでした。

~ Today's Menu ~

Food
- Balut…孵化直前のアヒルの卵を加熱したゆで卵
- Longaniza…豚の内臓を腸に詰めたフィリピン風ソーセージ。朝食の定番
- Kalderetang Baka…牛肉とじゃが芋の煮込み
- Sinigang Na Baboy…豚肉と野菜のタマリンドスープ
- Lumpiang Shanghai…春巻き
- Adobong Manok…鶏肉のアドボ（酢に漬けた肉などの具材を、醤油、ニンニク、砂糖で煮る）

Pan or Rice
- Pan De Sal…フィリピンでもっとも一般的な朝食用のパン。塩パンという意味だが、ほんのり甘い味
- Garlic Rice

Desert
- Ube Ice Cream…フィリピンの特産である紫イモ（ウベ）のアイス

Snack
- Chippy「Chili & Cheese」「BBQ」

Drink
- San Miguel…フィリピンでもっともポピュラーなビール。甘い香りとのどごしのよさが人気
- Calamansi Juice…28％カラマンシー果汁入り、スダチに似たフィリピンレモンでさっぱりとした味

テレビの企画でいわゆるゲテモノを食べる場面では、抵抗や嫌悪をオーバーに表現しますが、目の前にそれを食す文化の方がいれば、そのような失礼な態度はとりません。食べられない場合の断り方も、相手の文化を否定しないように配慮した形となり、交流

フィリピンの家庭料理

バロット

することの大切さを改めて実感しました。

　出席者の共通言語は日本語ですが、大勢で交流しているため、実習生たちが飛び交う日本語を聞きとることは難しくなります。そのため、会話中心の時間にならないよう、食事会の後はゲームを通しての交流も行いました。このときのゲームは、「ジェンガ」です。ルールが簡単で、誰もが楽しめるゲームです。

▶ 開催して感じたこと

　食事は、相手の文化、日本の文化を理解し合うとっかかりには最適です。語学が十分でなくても、料理の感想は単語でも伝えることができ、自然と会話もはずみます。ただし、メンバーは重要です。食わず嫌いをする日本人ばかりであれば、相手を傷つける可能性もあります。相手国の食事に関心がある、または魅力を語ることのできる方を主催者にして、メンバー構成を考える必要があります。

　また、できるだけ1か国ずつ開催するとよいです。複数国の料理を食卓に並べると、料理の減り具合に偏りが出る場合があります。

▶ 参考

● 実習生が料理が苦手な場合は…

　料理が得意でない人もいます。そのようなときは、レシピを検索して、一緒に買い物に行ったり、一緒につくることも楽しいと思います。完成した料理が、母国とまったく同じ味であっても、そうでなくても、会話のきっかけになります。

● ゲームをとおしての交流

　日本語の「かるた」や「文字合わせ」もよいですが、日本語が入ると勉強する感じが出てしまいます。純粋にみなで楽しむときは、「ジェンガ」はおすすめです。ボードゲームでは、「おばけキャッチ」「ヒューゴ」等の視覚的に判断できるゲームも盛り上がりました。

全職員対象の説明会を開催した結果、自発的に文化的配慮が行われるようになった事例

概要

外国人職員を受け入れる前から、全職員を対象として「受け入れる理由」「制度のしくみ」「配慮する点」等について説明会を開催しました。法人として「多様性の理解」を掲げることで、その後は職員が自発的に文化的配慮を行うようになっていきました。

ポイント

- 全職員を対象とした説明会を開催する
- 受け入れ前から、受け入れる理由、制度のしくみを理解してもらう
- 組織として、多様性を受け入れる風土をつくる

キーワード　多文化理解の促進

内容

▶ 文化的配慮―日本人職員への理解促進―

当法人で外国人の受け入れを始めたのは、EPA の制度が始まった2008（平成20）年です。当時は、制度が始まって間もなくで、私たちにとっても未知の経験だったため、外国人が安い労働力とみなされたり、人材不足を解消するための受け入れといった差別や偏見を生まないようにすることから準備を始めました。

施設内で全職員対象の説明会を開催し、受け入れを決めた理由、EPA の制度のしくみ、インドネシア共和国の概要やイスラム教について、日本語でコミュニケーションをとるうえでの留意点などを説明しました。

特にイスラム教について、礼拝は時季によって時間が変わるので、業務との調整が必要になること、禁忌食（豚肉や加工食品、お酒が禁止）への配慮が必要であること、女性は宗教上の儀礼として常にジルバブ（頭に被る布）を着用することなどを詳しく説明しました。

その後も、初めての受け入れを行う施設では同様の内容を説明しています。

このような取り組みで、日本人職員に外国人との協働の目的や多文化理解の必要性を伝えた結果、実際に協働が始まってみると現場でも自発的に文化的配慮が行われるようになりました。

お祈りのためにユニットを離れられるよう時間的な配慮を行ったり、ラマダン（断食：日の出から日没まで一切の飲食を断つ）月には、汗をかきやすい入浴介助の業務から外すように配慮したりしています。

就労環境を整えても介護の場面では、文化の違いから事故が起こることもありました。例えば、利用者のおやつに手づくりの「おはぎ」を提供した際のことです。外国人職員が「おはぎ」自体を食べたことが無いせいで、硬さや食感などを想定できず、利用者にとっては大きすぎる塊で口に運んでしまったために喉に詰まらせてしまうという事故が起こりました。

利用者は、吸引により食塊が引けて、ことなきを得たのですが、以後、普段出さないメニューの場合は、介助する職員が利用者に提供する前に食感や硬さを確認できるよう、試食用のものを別に用意することにしました。

▶ 参考

• 組織として多様性を受け入れる

これまで紹介した事例は、法人の理念に沿って検討・実施し、改善してきたものです。

法人の理念（抜粋）

★多様性を受け入れます。

　人種、民族、国籍、宗教、信条、性別、社会的身分、障害、結婚歴、病気、性的指向、年齢などによる個人の特徴をお互いに認め合い、尊敬しながら働くことができるよう、その基盤を整えます。また、これらを理由にした差別や嫌がらせは、絶対に許しません。

この理念を日本人にも外国人にも共有しているためか、外国人であることが理由で問題が生じたことはありません。

人種や国籍や宗教の違う職員に対する理解と配慮は、日本人職員が障害をもっていたり、妊娠していたり、家庭の事情を抱えていたりする場合の理解と配慮と何ら変わりありません。それよりも個人的な要素（仕事に対する姿勢やモチベーションの低下など）で問題が生じることの方が多く、それも外国人も日本人も同じです。

● LGBTQ 等への配慮も

　多様性には人種、民族、国籍、宗教以外にもいろいろな要素があります。新入職員研修の「多様性の理解」の科目では、多様性の1つとしてLGBTQ（性的マイノリティ）当事者の話を聞く機会も設けています。

「多様性の理解」を受講した職員の感想

・カミングアウトしやすい人の特徴として、先入観のない人“ふつう”“みんな”と言わない人と学んだが、これは言葉の問題というよりは考え方の問題だと感じた。偏った考え方を持たず、柔軟な思考のできる人間になりたいと思った。

・LGBTの方々が、性の話をするのをカミングアウトと呼ぶことも少し悲しいと思った。当たり前にする話でも、自分の思っていることでも、それを外に出したり発信することは勇気のいることなんだと思うと、まだまだ理解が足りていないということを実感する。相談できる存在が身近に当たり前にあるような世になるよう努めていかなければならないと思った。

　技能実習・特定技能・EPA等、外国人が介護の仕事に就ける間口は増えました。当法人でも3つの制度全てで外国人の受け入れを行っています。外国人と日本人が異なる文化を折り合わせて協働していくためには、同質性が高い（と言われる）日本人のなかにも多様性があるという前提をもつことが大事だと思います。

　そのような考え方が浸透すると、みんな一人ひとり違うことが当たり前だという考えになり、日本人だから〜、外国人だから〜といった見方は薄れていくのではないでしょうか。ひいては、そういった考え方が、福祉の理念である「社会的包摂（ソーシャル・インクルージョン）」にもつながっていくものと考えています。

事例12 実習生の母国文化紹介の企画から、新しいレクリエーションが誕生した事例

概要

実習生の母国文化紹介の企画をしたら、その内容が利用者のリハビリテーションにつながるのではと気がつき、新しいレクリエーションが誕生しました。
動画や外国語バージョンをつくることで、他の職員にも共有され、「母国紹介」にとどまらず、施設全体の学びやケアの向上につながりました。

ポイント

・母国の紹介だけでなく、それを日頃のケアにも活かせる
・ケアに活かせることが、実習生の自尊心の確保ややりがいにもつながる
・動画などにしてその取り組みを一時的なものにしない工夫をする

キーワード 技能修得の支援、指導体制の構築・整備、多文化理解の促進

内容

　私の施設では、実習生との相互交流と、実習生自身の個人目標である「利用者様を常に笑わせることができるようになりたい」を達成するための具体的な取り組みを行うことになりました（事例15参照）。

　個人目標達成のために関連するレクリエーション委員会に所属してもらっていました。ちょうど納涼祭の時期でもあったことから、委員会の会議において、実習生自ら出し物を企画し、実践してもらうことにしました。

▶ 母国のお菓子をつくり、民族衣装を披露することに

　実習生からの提案で、母国のお菓子 "プトゥアユ" をつくることに。さらに、母国インドネシアの雰囲気も一緒に味わっていただくために、民族衣装を披露することにしました。

　お菓子の材料は指導員と一緒に車で30分程度の専門店に買いに行きました。その甲斐もあって、利用者に大変喜んでいただき、達成感を共有することができました。

プトゥアユの紹介パネル

実習生とプトゥアユ

▶ この企画をきっかけに新たな「レク」誕生

　また、この納涼祭の成功が実習生および指導員の意欲向上につながりました。指導員がインドネシアの"ボイボイ"というゲームはうまくアレンジすれば利用者のリハビリテーションを兼ねた運動にできるのではと思い立ったのです。

　ボイボイ（ボイボイヤン）とは、インドネシアの伝統的なゲームで、通常5〜10人で遊びます。ジャンケンをして負けた人が鬼、それ以外は逃げる人に分かれます。まず、石を高く積み、鬼がそれにめがけてボールを投げます。石が落ちたらその周りにいた人たちが逃げます。鬼はボールを拾い逃げているうちの1人に当てられれば鬼が交代するというゲームです。

　そこで、現在ではレクリエーション委員会において、この"ボイボイ"を、軽い上肢運動ができるレクリエーションにアレンジしました。アレンジの内容ですが、本場のボイボイでは屋外で石を使って遊びますが、室内で高齢者が手軽に遊べるように、新聞紙を石に見立てたり、投げやすいよう大きなボールを採用したりするなど身の周りの物で必要物品を提案しました。

　実習生は進行役を自らかってでて、石を積み上げる順番などを工夫したり、石の大きさによって得点を変えるなど、盛り上がるポイントをフィードバックしていました。

　現在では新規レクリエーションの開発や企画を主に担当しています。

▶ 後輩実習生へのマニュアルに

そして、実践の様子は動画マニュアルにしてグループ内のeラーニングにし、YouTube にて公開しました。

このように、実習生も指導員も、積極的に委員会メンバーの一員としてその活動に参画することができています。

さらに、母国語バージョンも制作し、これをグループ内で動画共有することで、他の実習生が実習先施設のレクリエーションの参考にしたり、これから技能実習が始まる後輩実習生に対する動画マニュアルとしても活用しています。

eラーニングの一部

多文化共生シェアハウスにより生活面を充実させることで実習も充実させた事例

概要

施設で実習生のためのシェアハウスを用意しました。ただ住まいを確保するだけでなく、孤立感を与えないよう共用スペースをつくったり、納涼祭などのイベントを企画したり、生活面の充実が実習面の充実につながるという考え方のもと、ゴミ出しのルールなどの指導も行っています。

ポイント

・日本人を含め、さまざまな国の人が入居できるシェアハウス
・納涼祭や新年会などの企画や共用スペースを多く設けるなど孤立感を与えない
　しくみづくりをする
・シェアハウスを通じて文化の交流ができるようにする

キーワード　多文化理解の促進、実習生の孤立防止

内容

▶ 多文化共生シェアハウスでの生活支援

　当法人では、入居者全員が各々の母国の生活文化や習慣を共有しながら、留学生や実習生が日本の文化を学びながら生活できるよう「多文化共生シェアハウス」を運営しています。

　シェアハウスの特徴は、食堂・リビング、キッチン、ランドリールームは共用スペースとすることで、入居者に孤立感を与えないよう工夫しているところです。

　主な入居者には、当法人および関連グループ企業に所属するインドネシアやベトナムからの実習生、介護福祉士養成校に通う留学生が入居しています。

　このシェアハウスの運営に担当スタッフを配置し、実習が効果的に進むよう、各施設の生活指導員や関係する監理団体と連携しながら、ゴミ出しのルールや衛生管理指導、緊急時の対応体制等、さまざまな生活支援や指導を行っています。

　また、納涼祭や新年会、定期的に小旅行などを開催し、相互の交流が深められる機会

づくりに取り組んでいます。

留学生と実習生と記念撮影

▶ 行事開催を通じて日本の文化に触れる

　利用者とのコミュニケーションでは、日本特有の文化を覚えることも大切です。当法人では実習生に対し「浴衣」「下駄」を制服として貸与し、納涼祭などの施設行事に着用して、利用者と一緒に楽しんでもらっています。

シェアハウス内での納涼祭のときの様子

▶ 生活をともにすることで文化を共有する

　このシェアハウスには日本人も居住することが可能です。

当法人のコンセプトの1つに、「シェアハウスの入居者の母国のさまざまな生活文化や習慣を共有しながら生活する」というものがあります。日本人も生活をともにすることにより、他の入居者の国の生活文化に触れることができ、日本にいながら異文化交流を図ることができます。

　現在、シェアハウスには日本人の入居者はおりませんが、前述の納涼祭では日本人スタッフも参加し、浴衣の着付指導、スイカ割りやヨーヨー釣りなど日本特有のゲームを紹介しています。実習生はこの四季折々のイベントをとても楽しみにしているようです。

　このように、実習生の生活が充実したものになれば、遠い日本という国にいたとしても、仕事も充実したものになる、というねらいのもとシェアハウスは運営されています。

業務以外でともに過ごす時間を増やし、実習生との信頼関係を築いた事例

概要

業務だけのかかわりでは信頼関係を築くことが難しく、業務以外のかかわりを通して信頼関係を構築しました。それにより、日本人側は実習生個人への理解が深まり、実習生にとっても仕事に対する意欲や実習実施者・日本人に対する信頼感が向上し、孤立や失踪防止につながりました。

ポイント

- 業務以外でのかかわり
- 多くの日本人や日本文化に触れてもらう
- 実習生が複数いる場合は、まとまりではなく、個と接する
- 写真を撮って、共有する

キーワード 多文化理解の促進、実習生の孤立防止

内容

　法人として実習生を3名受け入れましたが、3名はもともと仲のよい友人同士ではなかったことから、関係性の悪化が懸念されました。金銭面から共同生活を送っていたことも影響しました。個室を設けることやそれぞれに家電を準備する等の対応は行いましたが、それでも休日はともに過ごすことになります。実習生たちは、仕事中は業務に慣れるのが精いっぱいであり、加えて休日も人間関係のストレスを抱えることから、それぞれが孤立してしまうことが不安でした。

　さらに、部署ごとにイベントや食事会は企画されていましたが、部署によって実習生へのかかわり度合いが異なることから、実習生の間に不満も出てきました。また、仕事終わりの食事会等は仕事の延長という雰囲気が出てしまい、彼らが心から楽しんでいるようにも感じられませんでした。

　そのため、まずは、業務外での実習生個人とのかかわりを増やしました。実習生のことを気にかけていることを態度で示し、彼らの気を紛らわしてあげたかったのです。

【実際に行ったこと（一例）】
・主催者の家族や友人等も参加した食事会（事例10を参考）
・季節のイベント時には主催者の自宅に招待（そうめんパーティー、クリスマス、お正月等）
・実習生全員参加だけでなく、1名ずつ参加する会の開催
・実習生宅で、実習生の母国の料理や日本料理を一緒につくり、食べる

手巻き寿司を食べる会

クリスマス会（自宅玄関）

　実習生からは、職場以外の人を紹介してくれる、自宅に招いてくれるというのは、「自分たちを信頼してくれて嬉しかった」との声がありました。また、1人ずつ参加する会をつくったことで、「実習生というまとまりではなく、個人をみてくれた」という思いをもってくれたようです。主催者側も実習生が心から喜んでいる姿をみて嬉しく思い、個人に対する理解も深まりました。

　信頼関係が構築できたことで、実習生たちの仕事に対する意欲も向上し、3名の関係性の悪化も防ぐことができました。このようなことの積み重ねが、実習生の孤立や失踪を防ぐことにつながるのではないかと感じています。

▶ イベントや食事会を開催するときの費用は…

　収入が異なるので、実習生に全額負担をしてもらうのは考えものですが、主催者が全て負担するのは限界があります。

また、実習生たちもともに働く仲間であり同等ですので、いつもご馳走するのはプライドが傷つく場合もあります。大きなイベントのときは実習生の給与に見合った会費を徴収することもありです。また、会費をとらないときは、料理をつくってきてもらったり、準備を手伝ってもらったりすることも考えられます。

▶ その後の関係性

　実習生たちは3年の実習期間を経た後、母国に戻った人、別の在留資格で日本に在留している人等、それぞれの道を歩んでいます（介護職種の実習生ではありません）。実習生たちとはその後も交流をもち、母国に戻った実習生が3年後に結婚した際には、結婚式に参列しました。実習生の家族からは親族と同等の歓迎を受け、何よりも実習生の成長に大変感動しました。実習生の自宅訪問や現地の結婚式参列等も、観光旅行とは異なり、実習生とのかかわりがなければできない貴重な経験でした。

結婚式当日、新郎の親族一同で新婦を迎えに行く様子（新婦の地元でも披露パーティーを行い、その後、場所を移動して結婚式を行う）

実習生の目標を職場全体で共有することで、達成の協力や成長の応援ができた事例

概要

個人目標を公表し職員同士で評価を行う制度に実習生も参加。日本語教育の工夫点や委員会活動を通じて、実習生の目標達成までの取り組みを共有することで、職場全体で技能実習にかかわろうとする姿勢が向上しました。

ポイント

・設定した個人目標を公表し互いに評価すること

・個人の目標達成に、職場全体で協力すること

・互いに認め合うこと

キーワード 技能修得の支援、指導体制の構築・整備

内容

　当施設では、全職員が年度ごとに所属長との面談を通じて個人目標を設定し、それを全職員がみることのできる職員室に張り出し、職員同士でその取り組む姿勢などを評価しながらお互いに目標の達成にむけて取り組んでいます。

　実習生に対しても同じようにしたことにより、周りの職員も実習生の目標を共有でき、その達成に協力できるきっかけとなりました。

▶ 個人目標を共有するシートの内容とねらい

　個人目標のシートの内容は、職員自身で目標を記載する欄、所属長が期待や応援メッセージを記載する欄、そしてみんなで評価する欄があります。

　目標の設定は、目標達成に必要な業務調整や研修参加などが同時に予定できるよう、所属長との面談を行いながら決めます。所属長や担当役職も記入する欄を設けることで、部下の目標に上司もしっかり責任を担う（一緒に取り組む）という意識が生まれます。

　さらに、このシートは職員室に張り出す（公開する）ことも大きな特徴です。これにより、1年という期間を区切って、個人レベルごとにある程度到達可能な目標を明確に

図1 実習生の個人目標の例

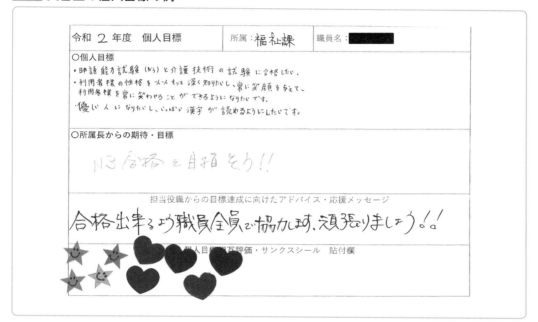

するだけでなく、それを職場全体で取り組むことで成長を共有することが大きなねらいです。

　職場全体で共有するからには、達成度の評価（過程の評価）も職員全員で行えるよう「相互評価」を取り入れています。さらに一目で取り組み状況や評価がわかるよう、達成度合いに応じて★シールを貼る様式としました。

　個人目標は年度内で４回個別面談を行って進捗状況と振り返りを行います。多くの評価シールを獲得した職員には、表彰（報奨金が授与）される嬉しい制度があります。

▶ 実習生との間での実践と効果

　図1 に掲げた実習生は「利用者様を常に笑わせることができるようになりたい」という目標とし、職場全体で目標達成に取り組みました。

　目標達成に向けて、この実習生にはレクリエーション委員会に所属してもらい、利用者の笑顔につながるレクリエーションを自ら考えてもらうことにしました。取り組みの

詳細については事例12をご覧ください。

目標は他職員にもわかるので、職員が実習生との会話のきっかけにしたり、利用者に目標を紹介することで「楽しみにしているよ」と利用者から期待が寄せられたりとコミュニケーションのよいきっかけとなりました。

また、個人目標の達成度に応じ職員同士の相互評価で、シールが貼られていきますので、成長の進行度合いが一目瞭然。職場全体で全職員が技能実習にかかわっているんだという実感がわきました。

初級試験合格祝い（職員からの寄せ書きとお米をプレゼント）

上の写真は、初級の介護技能実習評価試験合格時に職員からのお祝いをもらった実習生の写真です。

目標や達成度が全体に共有されているからこそ、このようなお祝いも可能になります。

▶ 実習生、指導員、他職員がお互いに認め合える機会

個人目標を設定し、その目標と達成にむけた取り組み（過程）を積極的に可視化することで、さまざまな課題、失敗、そして成功を職場全体で共有することにつながります。

このさまざまな共有のなかで、実習生、指導員、他職員の間で互いに認め合える機会ができました。

とりわけ技能実習開始当初のコミュニケーションをとることが難しい時期には、段々と、しかし確実に成長する実習生の姿が周囲にもわかりやすく伝わり、職員間の関係性も向上し、ともに成長しようとする職場風土につながりました。

介護記録もPCでできるようになりました

事例16 技能実習をキャリアパスに連動させたことで、「特定技能」移行後の道筋をつくった事例

概要

実習終了後の実習生の希望も見据えたキャリアパスを構築しています。介護福祉士や特定技能移行後の道筋をつくり、実習生が自らの将来性を見出すことを期待しています。

ポイント

・技能実習終了後を見据えたキャリアパス
・働きながら介護福祉士・特定技能を目指せるような体制をつくる
・日本人同等の待遇になるような独自の採用試験と試験合格への体制づくりをする

キーワード 技能修得の支援

内容

　当法人では技能実習を介護職員キャリアパスに連動させています。これは、実習生が実習終了後において、特定技能に移行することを希望した際に、職員として雇用するときのことを見据え、日本人スタッフと同等に評価できるようにするためのものです。

▶ 実習生のキャリアパス

　現在当法人では8名の実習生を受け入れています。いずれも第2号実習中ですが、現段階においては4名の実習生が、第3号実習への継続か特定技能への移行かのいずれかを目指しています。

　当法人のキャリアパスには、入職時に無資格・未経験でも働きながら初任者研修を修了し、介護現場での経験を積みながら実務者研修を受講します。介護福祉士を取得してからも、自法人で運営する研修センターにてさまざまな研修を受けることができますので、「学び」を通じて自らのスキルを磨き、将来の自分の可能性を見出せる環境があります。

　また、資格取得に必要な経費の一部を補助する制度や奨学金制度があり、外国人留学

生のほとんどは、この制度を利用しています。

　実習生が介護福祉士の取得を目指す場合、3年の技能実習を修了後、実習の継続であっても特定技能の転換であっても、関連の養成校との連携による実務者研修や研修センターによる資格取得支援（受検対策）を働きながら受講することができるなど、法人として支援する体制を整えています。

▶ 技能実習修了後の就労支援体制

　昨今、技能実習から特定技能へ移行し、日本で就労を行う実習生も多くいると聞きます。特定技能は「実習生」とは違い、1人の「職員」として雇用するわけですから、介護業務には欠かせない言語によるコミュニケーションを利用者と行うためには当然日本人スタッフ同等の日本語能力が求められます。

▶ 特定技能への移行を見据えた対応

　当法人では、この動向に対応するべく就業規則などの諸規定を改定し、外国人求職者に対しても日本人求職者と同じく、筆記と面接による採用試験を行っています。

　実習生に配慮した就業規則の改定に関しては、実習生の実習中の帰国や外国人スタッフの結婚等のライフイベント時に一定期間の帰国ができるように休業にかかる規定を新たに設けたり、日本人同等の待遇になるように、N2相当で正規職員、N4相当では非正規職員とするなど、日本語能力のレベルにあわせて初任給を格づけする規定を設けています。

▶ 法人独自の採用試験

　採用試験は実習生も特定技能へ移行する際には受験することとしています。

　日本語能力のレベルは法人独自の採用試験ではかります。採用試験は筆記試験と面接試験があり、筆記試験のうち、特に読解の部分では介護に関する日本語について出題しています。

　面接試験では監理団体協力のもと、通訳者に同席してもらい聴解の程度から日本語能力の程度を判定しています。

これらキャリアパスや諸制度を利用しながら、当法人では実際に外国人スタッフ同士（夫は奨学金を利用して養成校を卒業した介護福祉士、妻は日本語学校へ留学）が結婚して家庭を築き、日本で第1子を出産。当法人の託児所を利用しながら介護職員として職場へ復帰したという事例もあります。ちなみにこの2人は、日本で介護の仕事を志す実習生にとって、憧れの存在となっているようです。

　この試験結果において採用することで、日本人スタッフの採用試験との整合性を保ちます。また、特定技能へ移行を希望する実習生は、この試験に合格することが明確な目標となり、技能実習を通じて自らの将来性を見出すことにつなげてもらうことに期待しています。

事例 17 チーム指導により、実習生、指導員 ともに安心できる体制を整えた事例

概要

指導員は複数いますが、実習生には指導の中心となるプリセプターを1人ずつ配置しています。さらに、実習生とプリセプター双方の関係や心身のバランスを確認するため、責任者となるアソシエイターを置き、実習生も指導員も支えるしくみをつくっています。

ポイント

・実習生の指導を指導員任せにしない
・指導員が集まる会議を定期的に開催し、実習生の修得状況等を確認
・実習生のペースを見極めながら指導

キーワード 指導体制の構築・整備

内容

▶ 指導体制について

当方の技能実習体制では、各フロアに複数の指導員を配置しています。なかでも中心者となるプリセプター（指導員にあたる）を必ず位置づけています。

そのプリセプターが実習生の総合相談窓口、実習の進捗管理、その1人の実習生への現場 OJT の統括をしています。プリセプターを担当するのは、介護福祉士で、現場での新人の指導経験のあるものとしています。

また、指導はプリセプターに丸投げするのではなく、実習生およびプリセプターの双方の関係や心身のバランスを確認できるもので、介護福祉に造詣の深いものが責任者（アソシエーター）として全体的なマネジメントにあたっています。

▶ マネジメント体制について

実習生は、いきなり現場に配属することは避け、オリエンテーリングを兼ねてアソシエーターとプリセプター主催の研修会（Off-JT）を経て現場実習を行います。

まず、介護の基本を確認し、私たちの理念、実習計画も伝えたうえで、実習に入ります。実習生が実際の業務に入ってからも、定期的にプリセプター会議を開催し、本人の教育計画や進捗状況、習熟状況を確認しています。

そのなかで、どういったつまずきがあるのか、どのような課題設定が必要なのか、他の指導

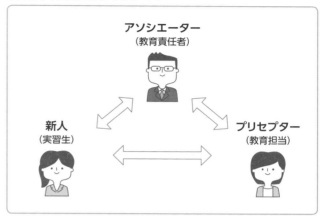

図1　実習生を支えるしくみ

出典：「外国人材の採用・育成・定着　完全ガイド」『おはよう21』2019年10月号増刊、中央法規出版、p.63

員はどういった指導をしたらうまく理解してもらえたか、など2週間後に集まって成果を共有します。このようにして、プリセプターも実習生との初めてのコミュニケーションで悩まないよう、バックアップ体制をつくっています。

この定期的なプリセプター会議はむしろ、中堅職員に対するピアカウンセリング、教育・指導力向上プログラム、ストレスマネジメントの役割をになっているといってもいいでしょう。このシステムは実習生の指導以外でも施設内の教育の好循環にもつながりました。

▶ 実習生のペースを見極めながら指導する

実習生も人間です。母国を離れ、慣れない環境にストレスを感じやすい状況です。最初の月は緊張しながら全力で頑張りますが、2か月目は頑張りすぎたため疲れなどで体調を崩しやすくなり、3か月目は慣れや過信によってミスをしやすくなります。ちなみに、これは実習生に限らず新人全体にこういった傾向があります。

そのため、定期的にヒアリングをして実習生の状況を的確に把握するということが大事です。もし、ハイペースになりすぎたら体調を崩すこともあるのでしっかりペースダウンしてもらうことも必要になります。

その他、私の施設では、以下の点に気をつけて指導するようにしています。

- 本人たちのモチベーションを上げるために、意識的に結果を褒めたり、プロセスを褒めたり、期待を伝える
  - ▶ 「無理に褒めようとしている」と思われないよう、評価の尺度は明確にしておく
- 慣れてきた段階や試験の前、もしくは夜勤に初めて入る1か月前に評価期間をつくり、仕事に対するフィードバックを強化する
- 実習生は自国でも大家族で暮らしているため、対人コミュニケーションは日本人の新人以上に慣れているが、馴れ馴れしくなりすぎないように指導する

▶ 指導方法を標準化するための工夫

　指導員のみならず、チームに対するケアの標準化、指導のためのモノサシを浸透させることをしましょう。今は「先輩の背中をみて覚えろ」という時代ではありません。

　指導にあたる日本人職員は全員有資格者ですが、養成課程が違います。ある職員は実務者研修を経て、ある職員は（法改正前の）実務経験のみで、また、ある職員は養成校出身者、などなど、ルートはさまざまです。

　そのため、私の施設では、有資格者でも新入職員は施設内の介護職員初任者研修の受講を職場内研修として義務づけています。

図2 モチベーショングラフ

出典：「外国人材の採用・育成・定着　完全ガイド」『おはよう21』2019年10月号増刊、中央法規出版、p.62

事例18 施設長が率先して取り組むことで、指導員の孤立感をゼロにした事例

概要

実習生に介護の魅力を感じ取ってもらいたいという施設長の思いから、受け入れ前から施設全体で準備しました。実習生が成長するためにどのように指導するか、指導員だけでなく施設全体で考えることにより、指導員の孤立感も防ぐことができました。

ポイント

・指導員を増やして、相談できる環境をつくる
・実習生に指導するメイン指導者を決める
・職員の無意識の偏見や思い込みを受け入れ前に気づかせる
・移転すべき技能の内容の過不足は、職員全体で確認する

キーワード 指導体制の構築・整備

内容

▶「孤立感 ゼロ」

　この施設では指導員への押しつけや実習生が孤立してしまっている雰囲気は皆無です。どうしてなのか紹介します。

▶ 当初の技能実習体制

　5つのユニットに分かれ、1名について2名の指導員を配置しました。ユニットリーダーや、サブリーダーの方々が指導員になっています。生活支援技術の教え方に差が出てくるのは避けたいという思いから、基本的に指導をするのは指導員と決め、1対1でスタートしました。シフトの関係で担当できないときは、担当者を決めて勤務表に明示しました。

　体調によって支援方法が変わる利用者の場合も、最初は基本的な支援方法を指導し、他の職員にもそのことを伝達して共有していきました（指導員談：最初からマニュアル

があるほうがいいのはわかっていたのですが、なかなかその時間が取れませんでした。支援方法の基本を伝え、職員間ですり合わせを常時行うようにしていくなかで、違いを職員間で是正することができたと思います）。

　介護福祉士養成施設の実習指導の会議のメンバーが、指導員を兼ねているので、特別に指導員のための会議は設けていません。また、各種委員会等でもリーダーが委員を務めているので、委員会の後の時間を少し使って、頻繁に情報交換を行いました。

●日本語学習

　5名中4名がN3、1名がN4の状態で入国しています。当初は、施設長が日常的に使う日本語の指導にあたっていました。また、介護で必要な日本語は、その時々で指導員が教えていました。しかしN2、N3合格のためには専門的な指導が必要と判断し、日本語学校に依頼し、6か月間、リモート1回、スクーリング1回（どちらも90分）講義を設けました（施設長談：直接指導では、介護に関する言葉も取り上げてもらっており、指導員の日本語能力不足を補ってもらっています）。

　また実習を始めた当初から、4問程度の課題レポートを施設長が作成し、こども新聞（週1回発行、ルビつき）の内容を読ませています（実習生談：新聞を読むことで、日本の言葉が増えました。N2を受けるときに役に立ちました）。

▶ 初級試験対策

●実技試験対策

　リーダークラスの実習指導員が集まり、公開されている試験内容を精査して、支援技術のポイントのチェックや言葉かけの模範解答を考えました。日々の実習のなかで、きちんとできているかチェックをするとともに、試験に慣れるために練習をしました。指導員以外の職員にも指導員が行う練習や指導をみてもらい、いないときにも実習生が希望したら練習できる体制をとりました。

●学科試験対策

　どのように行えばよいのか想像もつかなかったので、実習開始後6か月目に普段から

親交があり、信頼をしている講師に依頼し、研修を行いました。実習生用のテキストも使用して、指導員や相談員が集まり、当施設で教えていない内容をピックアップし、一覧表にしました。

技術面だけ教えており根拠として指導していない内容や、「当然のこと」として気がついていない内容、難しすぎるだろうと指導していない内容に気づくことができました（指導員談：自分１人だと、気がつかないことがたくさんありました。みんなで考えることは大切ですね。日本人の指導でも、不足していたことがよくわかりました。実習生が来てくれたからこそ、です）。また、過去問題を中心に施設長が学習指導をしました（指導員談：この研修後、実技は特に指導する職員によって違いが発生しないように細部に渡っての確認作業が行われ、指導員自身の介護技術の確認にもなりました）。

▶ 事例のおわりに

別々の実習生を担当している指導員ですが、自分の担当外の実習生についても、その性格や介護している状態をよく知っているし、分析をしていました。日頃から、指導員同士の話し合いももち、担当外の実習生をよく観察していることがうかがわれます。

指導員の方々の言葉の端々に、施設長の強い思いが伝わっていることを感じます。将来、実習生を介護福祉士に育てたい、実習生にとっても単なる「収入の確保」ではなく「介護の魅力を感じとってもらいたい」と、あきらめることなく工夫し続ける施設長の姿が垣間見えました。

「孤立感、そんなものあるんですか？」開口一番に、本当に驚いた表情で逆に聞いてきた指導員。明るく実習生のことを語る口調に、指導上の苦労はあるが、実習生への拒否感が全く感じられませんでした。「あの子たち（実習生）に助けられてるよね」の言葉のなかに、人と人とのふれあいを感じます。国は違えど、人に対する思いは同じです。

▶ 指導者を孤立させないために

①施設・事業所全体で指導育成する体制づくり

実習生を受け入れる前からの周到な準備（意識の醸成）があるからこそ、受け入れ時の問題が大きくならずにすみます。もっと実習生が成長するためにどう指導するかをみ

なで考えることが重要です。人数が少ないと指導上の悩みの共有、相談や工夫も難しくなります。なるべくたくさんの指導員の養成も必要です。

②実習生から「私たちが学ぶ」

　実習生に限らず「指導」をするということは、必ず自分自身の「不足」に気がつくことです。その不足を「補充・充填」しつつ日々の介護を行っていくことで、日本人職員も成長していくことができます。施設スタッフ全体が、このような姿勢をもつことで、指導員は孤立することはありません。

　日本に来てよかった、この施設で実習できてよかったと、実習生が思ってくれると、私たち日本人も嬉しいですし、介護をしていてよかったと私たちも思えるのです。

資料

外国人介護人材受入れの在り方に関する検討会
中間まとめ

平成 27 年 2 月 4 日
外国人介護人材受入れの在り方に関する検討会

1 本検討会について

○ 外国人介護人材の受入れに関しては、「日本再興戦略」改訂 2014（平成 26 年 6 月 24 日閣議決定）において、

・外国人技能実習制度の対象職種に介護分野を追加することについて、日本語要件等の介護分野特有の観点を踏まえつつ、年内を目途に検討し結論を得る

・介護福祉士資格等を取得した外国人留学生が、卒業後の国内での就労を可能とするため、在留資格の拡充を含め、年内を目途に制度設計等を行う

こととされている。

○ また、我が国では平成 20 年度より経済連携協定（EPA）に基づき、特例的に外国人介護労働者の受入れを開始し、現在は 3 か国から介護福祉士候補者を受入れている中で、その更なる活用を求める声がある。

○ こうした要請に応えるため、本検討会では、学識経験者や介護サービス関係者を参集し、平成 26 年 10 月以降、平成 27 年 1 月までに 7 回開催し、検討を行ってきた。

2 検討に当たっての基本的な視点

次の 2 つの視点に基づき検討を行うこととした。

（1）検討に当たっては、議論の対象となる各制度は、人材不足への対応を目的としているものではないことから、次のような各制度の趣旨に沿って進めていくべきである。

・技能実習：日本から相手国への技能移転

・資格を取得した留学生への在留資格付与

　　　　：専門的・技術的分野への外国人労働者の受入れ

・ＥＰＡ：経済活動の連携強化を目的とした特例的な受入れ

　他方、2025（平成 37）年に向けて、最大で約 250 万人規模の介護人材を確保するには、国内の人材確保対策を充実・強化していくことが基本であり、外国人を介護人材として安易に活用するという考え方は採るべきではない。この点に関し、国内人材の確保に向けた具体的方策の在り方については、現在、社会保障審議会福祉部会福祉人材確保専門委員会において検討を進めているところであり、それらを踏まえた「総合的な確保方策」をとりまとめるとともに、具体的な施策が講じられる予定である。

（2）介護分野における外国人の受入れの検討に当たっては、指摘されている様々な懸念に対応する

ため、次の３つの点について適切な対応が図られるような在り方について検討する必要がある。

（ア）介護職に対するイメージ低下を招かないようにすること

（イ）外国人について、日本人と同様に適切な処遇を確保し、日本人労働者の処遇・労働環境の改善の努力が損なわれないようにすること

（ウ）介護は対人サービスであり、また、公的財源に基づき提供されるものであることを踏まえ、介護サービスの質を担保するとともに、利用者の不安を招かないようにすること

3　技能実習への介護職種の追加について

（１）基本的な考え方

○　技能実習制度は、日本から相手国に対して、技能移転を通じた「人づくり」に協力することが基本理念とされている。日本は他国と比較し、高齢化が急速に進展しており、認知症高齢者の増加等、介護ニーズの高度化、多様化に対応している日本の介護技術を海外から取り入れようとする動きも出てきている。こうした介護技能を他国に移転することは、国際的に意義のあるものであり、制度趣旨にも適うものである。

○　しかし、介護を職種追加することの可否を判断するに当たっては、２（２）に述べたように、様々な懸念に対応するための３つの点について適切な対応が図られるかどうかを踏まえることが必要である。その際、現行の技能実習制度に対しては種々の問題指摘があり、それに応えるための抜本的な見直しが進められていることを踏まえた対応が採られるべきであること、対人サービスとして初めての職種追加の検討であることから、より的確な対応が求められることを踏まえる必要がある。

○　他方、技能実習制度本体の見直しでは、制度の趣旨・目的に沿った技能等の修得・移転が確保され、かつ、技能実習生の人権確保が図られるよう、制度の適正化に向け、

・確実な技能等の修得・移転（制度趣旨・目的の徹底）

・監理団体による監理の適正化及び公的機関による監視体制の強化等

・技能実習生に対する人権侵害行為等への対応の強化

・送出し機関への規制の実効性の強化

等の見直し方策が検討されている。本検討会においては、技能実習制度本体の見直しの検討状況について聴取したが、その内容は十分評価できるものである。したがって、今後、その結果が制度化され、適切な運用が図られることが担保されることを前提として、介護を職種追加することについて具体的に検討することとする。

（２）職種追加するとした場合の個別の検討事項について

○　技能実習制度に介護を職種追加する場合には、様々な懸念に対応するため、２（２）で掲げた３つの点について適切な対応が図られるような制度設計が行われ、運用が担保されることが必要である。

○　具体的には、以下の事項が担保されることが必要となる。

（ア）介護職に対するイメージ低下を招かないようにすること

資料

イ　介護という仕事について、日本語能力の乏しい外国人が担う「単純な肉体労働」という印象を持たれないようにすること

　　ロ　介護業界について、外国人を安価な労働力として使う業界であると認識されないようにすること

　　ハ　外国人を介護ではなく、単なる下働きとして使うために制度を活用しているとの疑念を持たれないこと

（イ）外国人について、日本人と同様に適切な処遇を確保し、日本人労働者の処遇・労働環境の改善の努力が損なわれないようにすること

　　ニ　外国人でも、日本人と同等の労働を行う場合には、同等の処遇を行うことが担保されること

　　ホ　同じ職場で働く日本人従業者と円滑な連携ができる環境が整備されること

（ウ）介護のサービスの質を担保するとともに、利用者の不安を招かないようにすること

　　ヘ　利用者が安心してサービスを受けるのに必要な程度の言語能力が担保されること

　　ト　技能実習生であっても、他の日本人と比較し、サービスの水準が著しく劣ることがなく、安定性や確実性が担保されていること

　　チ　利用者との間でトラブル等が起きたり、技能実習生の労働者としての権利が侵されたりする状況を生じないこと

○　こうした具体的内容を踏まえ、３つの点について適切な対応が図られるようにするために検討を要する事項は、以下のとおりである。

　①　移転対象となる適切な業務内容・範囲の明確化（イ、ハに関連）

　②　必要なコミュニケーション能力の確保（イ、ホ、ヘに関連）

　③　適切な評価システムの構築（イ、ハに関連）

　④　適切な実習実施機関の対象範囲の設定（ハ、チに関連）

　⑤　適切な実習体制の確保（トに関連）

　⑥　日本人との同等処遇の担保（ロ、ニに関連）

　⑦　監理団体による監理の徹底（ロ、ニ、トに関連）

○　こうした個別の検討項目について、様々な懸念に対応するためには、以下のいずれかの考え方が採られることが求められる。

　（ア）現行の技能実習制度に基づき、適切に対処することにより対応できるもの

　（イ）技能実習制度本体の見直しが行われ、施行されることにより対応できるもの

　（ウ）（イ）に加え、介護職種固有の要件等の制度設計が行われることにより対応できるもの

○　個別の各検討事項について、職種追加する場合に求められる水準・内容、具体的な対応の在り方、制度設計等の進め方についての考え方は次のとおりである。

　①　移転対象となる適切な業務内容・範囲の明確化

　　ア　介護職種を追加する場合に求められる水準・内容

　　　介護は多様な業務が混在しているため、実質的な労働力確保の方策として本制度が利用され、日

本語能力の乏しい外国人が担う「単純な肉体労働」という印象を持たれる恐れがある。このため、適切な技能移転を図るため、その対象とする「介護」の業務内容・範囲の明確化を図る必要性がある。

※技能実習制度において、作業内容は、必須作業、関連作業、周辺作業に分類されている（公益財団法人国際研修協力機構（JITCO）の内規に規定）。その内容は以下のとおり。
　・必須作業：技能実習生が技能等を修得するために必ず行わなければならない作業。実技試験の出題範囲に該当。実習計画のおおむね半分以上。
　・関連作業：必須作業に携わる者が当該職種・作業の工程において行う可能性がある作業のうち、必須作業には含まれないが、その作業が必須作業の技能向上に直接又は間接的に寄与する作業。実習計画のおおむね半分以下。
　・周辺作業：必須作業に携わる者が当該職種・作業の工程において通常携わる作業のうち、必須及び関連作業に含まれない作業。必須作業の技能向上に直接又は間接的に寄与する作業ではない。実習計画の1／3以下程度。

資料

イ　具体的な対応の在り方
・制度本旨である技能移転を達成するには、技能実習制度の考え方に沿って対応することが適当であるが、介護については、従来のものづくり等の対物サービスと性格が異なることから、「作業」ではなく「業務」として整理し、移転すべき介護業務の具体的な内容を明示することが必要である。
・また、移転の対象となる「介護」業務が、単なる物理的な業務遂行とならないよう、一定のコミュニケーション能力の習得、人間の尊厳や介護実践の考え方、社会のしくみ・こころとからだのしくみ等の理解に裏付けられたものと位置づけることが重要である。特に、認知症ケアについては我が国の介護技能の特徴をなすものであり、また国際的にも技能ニーズが高まることを踏まえ、関連する知識等の理解を伴うものとすることが重要である。
・上記の考え方の下、「介護」業務については、次のように類型化すべきである。
　・必須業務：身体介護（入浴、食事、排泄等の介助等）
　・関連業務：身体介護以外の支援（掃除、洗濯、調理等）、間接業務（記録、申し送り等）
　・周辺業務：その他（お知らせなどの掲示物の管理等）

② 　必要なコミュニケーション能力の確保

　ア　介護職種を追加する場合に求められる水準・内容
・介護はコミュニケーションを前提として業務を遂行する対人サービスであるとともに、利用者の中には、認知症などを抱える方もいるため、日本語によるコミュニケーション能力が不可欠の要素である。
・また、介護はチームケアであるため、利用者・家族とのコミュニケーションのみならず、同僚である介護職員や他職種との連携を担保する観点からも、日本語による一定のコミュニケーション能力が求められる。

・さらに、介護現場で必要とされる基礎的な専門用語、地域ごとの方言についての一定の理解も求められる。

イ　具体的な対応の在り方
・現在、技能実習制度の対象職種において、技能実習生に日本語能力の要件を課している例はないが、介護分野においては、一定の日本語能力を要件とすべきである。介護分野の技能実習制度における日本語要件については、

　　　技能を学んで帰国することを前提とする技能実習制度の性格（国家試験の受験・合格による国家資格取得と引き続き我が国で就労できることを目的とする EPA との違い）
　　　段階を経て技能を修得するという制度の趣旨から期待される業務内容や到達水準との関係を踏まえ、技能実習生に求められる日本語水準と担保の在り方を考える必要がある。
・したがって、日本語能力試験「Ｎ３」程度を基本としつつ、業務の段階的な修得に応じ、各年の業務の到達水準との関係等を踏まえ、適切に設定する必要がある。

　　　具体的には、１年目入国時は、業務の到達水準として「指示の下であれば、決められた手順等に従って、基本的な介護を実践できるレベル」を想定することから、「基本的な日本語を理解することができる」水準である「Ｎ４」程度を要件として課し、さらに、「Ｎ３」程度を望ましい水準として、個々の事業者や実習生の自主的な努力を求め、２年目の業務への円滑な移行を図ることとする。

　　　また、実習２年目（２号）については、到達水準として「指示の下であれば、利用者の心身の状況に応じた介護を一定程度実践できるレベル」を想定することから、「Ｎ３」程度を２号移行時の要件とする。

　　　なお、緊急時の対応等や、介護記録の作成や利用者への説明のため、「Ｎ２」程度（日常的な場面で使われる日本語の理解に加え、より幅広い場面で使われる日本語をある程度理解することができる）が必要との意見もあった。

　　　こうした日本語によるコミュニケーション能力を実効的に担保できない場合、介護現場の混乱や介護事故等のおそれもあることから、確実に担保できる方策を講じることが適当である。
・また、専門用語や方言についても一定程度の理解ができるよう、実習実施機関による研修等を実施すべきである。

③　適切な評価システムの構築

ア　介護職種を追加する場合に求められる水準・内容
・適正な技能実習を実施するには、実習成果を評価できる適切な公的評価システムが必要であるが、「介護」には評価に関する既存の枠組み（技能検定又はこれに代わる公的評価システム）が予め確立されていないことから、新たな公的評価システムを構築する必要がある。
・その際、介護は単なる作業ではなく、利用者の自立支援を実現するための思考過程に基づく行為であることを踏まえ、それに必要な考え方等の理解を含めて、移転の対象と考えることが適当である。

イ　具体的な対応の在り方

・技能実習時の各年の到達水準については、限られた期間で修得可能なレベルであること、技能実習生が帰国した後、母国において、修得した技能を発揮することが求められることの双方のバランスを考慮する必要があることを念頭に置き、次のとおり設定すべきである。

1年目修了時：指示の下であれば、決められた手順等に従って、基本的な介護を実践できるレベル

2年目修了時：指示の下であれば、利用者の心身の状況に応じた介護を一定程度実践できるレベル

3年目修了時：自ら、介護業務の基盤となる能力や考え方等に基づき、利用者の心身の状況に応じた介護を一定程度実践できるレベル

　　　　また、今後、技能実習制度本体の見直しにより、技能実習の延長又は再実習（最長5年間）が実施される場合は、以下の到達水準とすべきである

5年目修了時：自ら、介護業務の基盤となる能力や考え方等に基づき、利用者の心身の状況に応じた介護を実践できるレベル

・評価対象については、介護にかかる動作として目視できる表層的な作業内容だけでなく、その業務の基盤となる能力、考え方も含めて評価項目、評価基準等を設定すべきである。

・具体的には、一定のコミュニケーション能力の習得、人間の尊厳や介護実践の考え方、社会のしくみ・こころとからだのしくみ等の理解に裏付けられたものであることを十分に踏まえ、構築する必要がある。なお、その際、既存の研修（初任者研修や実務者研修等）の考え方を参考にすべきとの意見があった。

・試験実施機関については、現行制度上求められる試験実施機関としての適格性を満たす必要がある。その際、全国で適正に評価試験を実施できる団体であること、試験実施について一定程度実績のある機関を設定することがより望ましいとの意見があった。

④　適切な実習実施機関の対象範囲の設定

ア　介護職種を追加する場合に求められる水準・内容

・いわゆる「介護」は、日常生活上の行為を支援するものであり、多様な場で展開され得るものである。しかしながら、適切な技能移転を図るためには、移転の対象となる「介護」の業務が行われていることが制度的に担保されている範囲に限定すべきである。

・また、複数の職員が指導可能な施設サービスとは異なり、訪問系サービスについては、利用者と介護者が1対1で業務を行うことが基本であることを踏まえ、技能実習生に対する適切な指導体制の確保、権利擁護、在留管理の観点に十分配慮する必要がある。

・介護分野の有効求人倍率は他産業と比較して高く、人材確保が困難な事業所が多い。このため、開設後の年数が浅い施設等が、経営が軌道に載らないまま技能実習生を受入れた場合には、技能実習生に対する適切な指導体制をとることができないという恐れがあり、こうした懸念を回避することが求められる。

資料

123

イ　具体的な対応の在り方

・実習実施機関の範囲については、「介護」の業務が関連制度において想定される範囲として、介護福祉士の国家試験の受験資格要件において、「介護」の実務経験として認められる施設に限定すべきである。

・訪問系サービスは利用者と介護者が1対1で業務を行うことが基本であることから、

　・適切な指導体制をとることが困難

　・利用者、技能実習生双方の人権擁護、適切な在留管理の担保が困難

である。このため、技能実習の実習実施機関の対象とすべきではない^(※)。

> ※同様の観点から、訪問系サービスはEPA介護福祉士候補者、EPA介護福祉士の受入れ対象施設・機関の対象外となっている。

・適切な技能移転を図る観点から、実習実施機関は経営が一定程度安定している機関に限定すべきであり、その要件として、設立後3年以上経過した施設をその対象とすることが望ましい。

⑤　適切な実習体制の確保

ア　介護職種を追加する場合に求められる水準・内容

・介護は多様な業務が混在しているため、技能実習制度の名の下に、例えば掃除等、介護の中核的な業務ではない業務を担う労働力として制度が利用され、適切な技能移転が図られない懸念がある。また、介護は利用者の生命、安全に密接に関与するものであり、介護サービスの質を低下させることなく、介護業務を円滑に遂行する必要があることから、技能実習生であっても、他の日本人と同様に、安定的に確実なサービスを提供することが求められる。

・現行の技能実習制度においては、常勤職員総数50人以下の場合は3人の受入れが認められている。しかしこの規定をそのまま介護に適用すると、小規模な事業所の場合、介護の技能移転のために指導するには適切とはいえない体制となる。（介護保険サービスを提供する入所施設の約25％、通所施設の約70％が常勤職員20人未満の事業所（10人未満の場合、それぞれ約5％、約30％）である（平成25年度介護労働実態調査による））。

　例えば、常勤職員総数10人に対し各年3人以上の技能実習生という配置は、指導する立場の職員の目の届く範囲での実習実施体制の確保が困難となり、利用者の生命、安全に影響する懸念があることから、介護固有の人数枠を設ける必要がある。

・また、現行の技能実習の受入れ人数は、常勤職員総数を基礎として算定されており、これに沿って対応すれば、直接に介護等の業務に就かない者も算定の基礎に含まれることとなる。しかし、施設・事業所の種類によっては（例えば、就労移行支援や就労継続支援の事業所）、介護等の業務以外の業務（就労支援等）に従事する者が、介護等の業務に従事する者の数を上回ってしまう場合や、技能実習生の数が指導する立場にある介護等の業務に従事する者の数を上回る場合等、介護技能を移転するために適正とはいえない体制になることが想定されることから、介護固有の枠組みを設定する必要がある。

・なお、技能実習制度本体の見直しにおいては、受入れ人数の上限について、優良な受入れ機関の受入れ人数の上限設定の在り方、常勤職員数に応じた区分に関し、よりきめ細やかな人数枠

設定の在り方について検討が進められている。

イ　具体的な対応の在り方
・技能実習制度では、上陸基準省令（出入国管理及び難民認定法第7条第1項第2号の基準を定める省令）及び変更基準省令（出入国管理及び難民認定法第20条の2第2項の基準を定める省令）において、技能実習指導員の要件を「5年以上の経験を有する者」としている。しかし、介護分野においては、適切な技能移転を図るため、介護に関する専門的な知識・技術を担保することを目的として、原則として介護福祉士の資格を要件とすることが適当である。
　　なお、技能実習指導員のほか、生活サポートや日本語教育の指導者を配置することが、より望ましいという意見があった。
・また、実習実施機関について、介護福祉士の配置割合が高いか又はサービス体制強化加算を受けている施設・事業所に限定すべきとの意見がある一方で、技能実習制度は介護福祉士資格の取得を目指すものではないため、外形的な規制は不要との意見があった。
・就労を開始する段階で、技能実習生が介護に関する一定の知識、技術を修得している必要があることから、入国時の講習については、専門用語や介護現場におけるコミュニケーションのほか、介護に関する基礎的な事項を学ぶ課程とすべきである。
・適切なOJTを実施するためには、実習実施機関に対し、自主的な規制を含め、技能移転の対象項目ごとに詳細な技能実習計画書を作成することを求めるべきである。
・介護分野においては、適切な実習体制を確保するため、以下の介護固有の要件を設定すべきである。
　①　小規模な受入機関（常勤職員数30人以下）の場合は、受入れ人数は常勤職員総数の10%までとする。
　②　受入れ人数枠を算定する基準となる「常勤職員」の範囲については、介護の技能移転の趣旨に鑑み、「主たる業務が介護等の業務である者」（介護職等）に限定する。
　　また、技能実習生の夜勤業務等、少人数の状況下での勤務や、緊急時対応が求められる業務等については、安全上の懸念が生じることのないよう、業界におけるガイドライン作成等により、2年目以降の実習生に限定するなど適切な対応を図ることが必要である。

⑥　日本人との同等処遇の担保
ア　介護職種を追加する場合に求められる水準・内容
・現行の技能実習制度において、技能実習生の処遇については、上陸基準省令（出入国管理及び難民認定法第7条第1項第2号の基準を定める省令）及び変更基準省令（出入国管理及び難民認定法第20条の2第2項の基準を定める省令）に、「日本人が従事する場合の報酬と同等額以上であること」と規定されている。
・同等処遇の担保は介護だけでなく、他の職種も含め、制度の根幹に関わるものであり、上記の省令で規定されている内容を確実に担保することが必要である。
・その際、対人サービスである介護業務は、物質的なアウトプットが生じないため、業績を定量的に把握することが困難である等の特性があることから、日本人が従事する場合の報酬と同等

額以上の報酬水準とすることについては、この点を踏まえることが必要である。
・こうした配慮がされないままに、技能実習制度に介護分野が追加されると、介護が「外国人が担う単純な仕事」というイメージとなる恐れがあることから、特に重要である。
・なお、技能実習制度本体の見直しにおいては、「日本人が従事する場合の報酬と同等額以上」の履行確保等の適正化を行う方向性が示されている。

イ　具体的な対応の在り方
・介護については、先行して外国人を受入れているEPAの経験を踏まえ、公益社団法人国際厚生事業団（JICWELS）による同等報酬要件の確認の方法を参考として、以下の運用上の取組を進めるべきである。
　受入時：募集時に同等報酬等の要件審査
　　就業規則（賃金規程）・賃金台帳にて同等報酬を確認
　受入後：訪問指導時の関係者のヒアリングや賃金台帳の確認、実習実施機関から監理団体への定期的な報告
・また、外国人が理解しにくい日本独自の賞与や手当等の賃金構造、税金についても、技能実習生が正確に理解できるよう、説明を徹底することが必要である。
・同等処遇を担保する方策としては、業界において同等処遇を担保するため自主的な取組を行い、実効性が上がるよう、取り組むことが必要である。主に、事業主が自発的に賃金規程を公表することを検討すべきとの意見もあった。
・今後具体化されていく技能実習制度本体の見直しの内容に沿った取組を進めるとともに、介護業界においては、上記の取組を進めるため、ガイドラインの作成等を行うことが求められる。

⑦　監理団体による監理の徹底
　ア　介護職種を追加する場合に求められる水準・内容
・監理団体の在り方は、適正な実習施設の確保に関して重要な役割を有しており、技能実習制度への介護分野の追加に当たっては、他職種と同様、監理団体の機能を強化することが重要である。
・現行の技能実習制度では、監理団体の責務に確実な根拠がなく、実習実施機関の状況確認が不十分との指摘があった。介護分野においても同様に不適切な実習が行われるとの懸念があるため、監理団体による実習実施機関への状況確認の徹底が必要である。
・なお、技能実習本体の見直しにおいては、監理団体による監理の適正化及び公的機関による監視体制の強化等について、以下のような内容が予定されているところである。
　・新たな法律に基づく制度管理運用機関による指導・監督の強化（報告徴収、立入調査の権限付与等）
　・監理団体や実習実施機関のガバナンス強化（外部役員設置又は外部監査等）。
　・悪質な監理団体等に対する罰則等の強化（刑事罰、公表制度等）
　　一方、この点について、介護分野については、上記の見直しでは対応することができないのではないかとの意見もあった。

イ　具体的な対応の在り方

・技能実習本体の見直しにおいて、大幅に適正化等が図られることは、十分に評価できるものであり、介護分野においても、今後具体化されていく本体見直しの内容に沿った取組を進める。

・一方、この点に関して、介護分野において上記の見直しで対応することができるかどうか、なお見極める必要があるのではないかとの意見もあった。

（3）今後の対応について

○　本検討会では、様々な懸念に対応する3つの点について適切な対応が図られるために必要な検討事項を整理し、これに沿って具体的方策の在り方について検討を行った。その結果、今後明らかとなる技能実習制度本体の見直しによる対応に加え、本検討会において検討した介護固有の具体的方策を併せ講じることにより、様々な懸念に対応していくことが適当であるとの結論に至った。

○　したがって、今後、この中間とりまとめを踏まえ、介護分野の職種追加に向け、様々な懸念に対し適切な対応が図られるよう、具体的な制度設計を進めることとし、技能実習制度本体の見直しの詳細が確定した段階で、介護固有の具体的方策を併せ講じることにより、様々な懸念に対し適切に対応できることを確認した上で、新たな技能実習制度の施行と同時に職種追加を行うことが適当である。

なお、介護分野の職種追加に当たっては、新しい技能実習制度の施行状況を見て対応方針を判断すべきとの意見もあった。

※「日本再興戦略」改訂 2014（平成 26 年 6 月 24 日閣議決定）において、技能実習制度本体は、「2015 年度中の新制度への移行を目指す」とされている。

4　外国人留学生が介護福祉士資格を取得した場合の在留資格の付与等について

（1）具体的な制度設計等について

○　今般の在留資格の拡充の対象となる者の範囲については、「日本再興戦略」改訂 2014（平成 26 年 6 月 24 日閣議決定）において、「外国人留学生」が、「日本の高等教育機関を卒業」した場合と明記されていることを踏まえ、該当する分野の専門的な学習を行うこと及び国家資格を取得することが求められることから、介護福祉士の国家資格取得を目的として養成施設に留学し、介護福祉士資格を取得した者とすることが適当である。

○　なお、在留資格を認められることとなる介護福祉士資格を取得した外国人の就労場所については、「専門的・技術的分野」の一つとして、介護分野の国家資格取得者に在留資格が付与されることを踏まえ、日本人と同様に就労を認めるべきである。

一方、単独でサービスが提供されることが基本となる訪問系サービスについては、外国人労働者の人権擁護や適切な在留管理等の観点も含め、慎重に検討する必要があるとの意見、将来的に就労を認めるべきとの意見もあった。

○　外国人留学生が介護福祉士資格の取得を目指す場合の適切な指導・学習の体制については、介護福祉士養成施設で受入れる留学生の人数は、教育指導や実習受入れの観点から、看護師等養成所の運営に関する枠組みも参考にしつつ、個々の教育機関の状況に応じて、介護を学ぶ学生の各学年定

員の上限を定めるべきである。また、当該留学生の教育及び生活指導をサポートする指導員等を配置するのが望ましいとの意見があった。

○　上記の考え方を踏まえ、今後、関係省庁と連携の上、具体的な制度設計を進めるべきである。

（2）その他

　　「日本再興戦略」改訂2014（平成26年6月24日閣議決定）において、「介護分野での国家資格を取得した外国人留学生の活躍支援等」として、「我が国で学ぶ外国人留学生が、日本の高等教育機関を卒業し、介護福祉士等の特定の国家資格等を取得した場合、引き続き国内で活躍できるよう、在留資格の拡充を含め、就労を認めること等について年内を目途に制度設計等を行う。」とされているが、この中で、諸外国の看護師資格取得者が我が国の介護分野で就労できるようにするとすることを検討すべきとの提案があったことを踏まえ、検討を行った。

　　これに関しては、

・諸外国の看護師資格取得者に我が国の介護分野で就労できる在留資格を付与することを考える場合、どのような在留資格を想定するのかといった前提となる論点があること
・また、「介護」の概念や業務が国によって区々であり、未発達のことも多い現状があること、介護と看護は共通する側面もある一方で介護は生活や自立に特化した性格を持つこと

を踏まえると、各々の国における看護師資格をもって、我が国の介護分野で就労するのに必要な能力を有していることとみなすことができるかについては、各国の実態の把握等を含め、引き続き慎重に検討すべきである。

5　今後の対応について

　　本検討会においては、「日本再興戦略」改訂2014（平成26年6月24日閣議決定）において示された考え方に沿って、技能実習制度への介護職種の追加に向けた制度設計等の考え方及び外国人留学生が介護福祉士資格を取得した場合の在留資格の付与等について検討を進め、その結果をとりまとめた。

　　今後、関係省庁においては、本検討会の中間まとめを踏まえ、上記の考え方に基づき、制度設計等を進めていくことを期待する。

技能実習「介護」における固有要件について

厚生労働省　社会・援護局

技能実習制度の仕組み

○技能実習制度は、国際貢献のため、開発途上国等の外国人を日本で一定期間（最長5年間）に限り受け入れ、OJTを通じて技能を移転する制度。（平成5年に制度創設）

○技能実習生は、入国直後の講習期間以外は、雇用関係の下、労働関係法令等が適用されており、現在全国に約25万人在留している。

※平成29年6月末時点
※新制度の内容は赤字

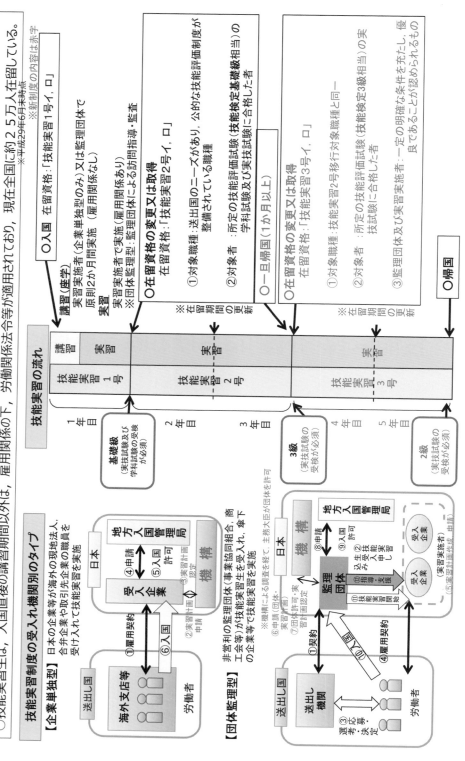

介護職種の追加について

【基本的考え方】

○ 外国人介護人材の受入れは、介護人材の確保を目的とするのではなく、技能移転という制度趣旨に沿って対応。

○ 職種追加に当たっては、介護サービスの特性に基づく様々な懸念に対応するため、以下の3つの要件に対応できることを担保した上で職種追加。

① 介護が「外国人が担う単純な仕事」というイメージとならないようにすること。

② 外国人について、日本人と同様に適切な処遇を確保し、日本人労働者の処遇・労働環境の改善の努力が損なわれないようにすること。

③ 介護のサービスの質を担保するとともに、利用者の不安を招かないようにすること。

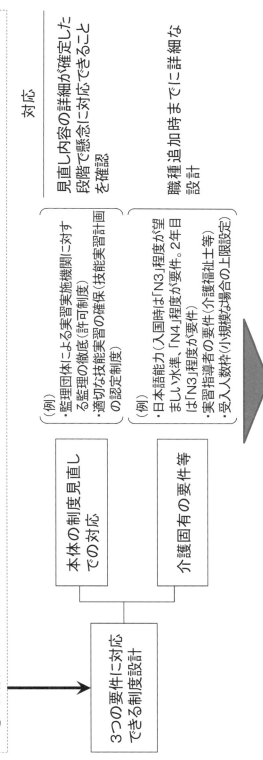

本体の制度見直しでの対応

（例）
・監理団体による実習実施機関に対する監理の徹底（許可制度）
・適切な技能実習の確保（技能実習計画の認定制度）

介護固有の要件等

（例）
・日本語能力（入国時は「N4」程度が望ましい水準、「N4」程度が要件。2年目は「N3」程度が要件）
・実習指導者の要件（介護福祉士等）
・受入れ人数枠（小規模な場合の上限設定）

3つの要件に対応できる制度設計

対応

見直し内容の詳細が確定した段階で懸念に対応できることを確認

職種追加時までに詳細な設計

○ 職種追加に向け、様々な懸念に対応できるよう、「外国人介護人材受入れの在り方に関する検討会中間まとめ」（平成27年2月4日）で示された具体的な対応の在り方に沿って、制度設計を進める。

資料

131

技能実習「介護」における固有要件について

○ 介護の技能実習生の受入れに当たっての要件は、下記のとおり。(「外国人介護人材受入れの在り方に関する検討会中間まとめ」(平成27年2月4日)での提言内容に沿って設定。)

○ 平成29年9月、介護職種に固有の要件を告示。平成29年11月、対象職種に介護を追加。

介護固有要件
※技能実習制度本体の要件に加えて満たす必要がある。

コミュニケーション能力の確保
- 1年目（入国時）は「N3」程度が望ましい水準、「N4」程度が要件。2年目は「N3」程度が要件
（参考）「N3」：日常的な場面で使われる日本語をある程度理解することができる
「N4」：基本的な日本語を理解することができる（日本語能力試験：独立行政法人 公益財団法人日本国際教育支援協会が実施）

適切な実習実施者の対象範囲の設定
- 「介護」の業務が現に行われている事業所を対象とする（介護福祉士国家試験の実務経験の観点から、訪問系サービスは対象としない
ただし、技能実習生の人権擁護、適切な在留管理の観点から、訪問系サービスは対象としない
経営が一定程度安定している事業所として設立後3年を経過している事業所が対象

適切な実習体制の確保
- 受入れ人数枠
常勤職員（常勤介護職員の総数以下で設定（常勤介護職員の総数が上限）。
- 技能実習指導員の要件
技能実習生5名につき1名以上選任、そのうち1名以上は介護福祉士等。
- 入国時の講習
専門用語や介護の基礎的な事項を学ぶ
- 夜勤業務等
利用者の安全の確保等のために必要な措置を講ずる
（※）具体的には、技能実習制度の趣旨に照らし、技能実習生以外の介護職員を同時に配置することが求められるほか、業界ガイドラインにおいても技能実習生と技能実習生以外の介護職員の複数名で業務を行う旨を規定。また、夜勤業務等を行うのは2年目以降の技能実習生に限定する等の努力義務を業界ガイドラインに規定。

監理団体による監理の徹底
監理団体の役職員に5年以上の実務経験を有する介護福祉士等を配置
「介護」職種における優良要件は「介護」職種における実績等を基に判断

技能実習評価試験

移転対象となる適切な業務内容・範囲の明確化
一定のコミュニケーション能力の習得、人間の尊厳や介護実践の考え方、社会のしくみ・こころとからだのしくみ等の理解に要付けられた以下の業務を、移転対象とする
- 必須業務＝身体介護（入浴、食事、排泄等の介助等）
- 関連業務＝身体介護以外の支援（掃除、洗濯、調理等）、間接業務（記録、申し送り等）
- 周辺業務＝その他（お知らせなどの掲示物の管理等）

適切な公的評価システムの構築
- 各年の到達水準は以下のとおり
1年目 指示の下であれば、決められた手順等に従って、基本的な介護を実践できるレベル
3年目 自ら、介護業務の基盤となる能力や考え方等に基づき、利用者の心身の状況に応じた介護を一定程度実践できるレベル
5年目 自ら、介護業務の基盤となる能力や考え方等に基づき、利用者の心身の状況に応じた介護を実践できるレベル

技能実習生に関する要件

技能実習制度本体（主な要件）

○18歳以上であること。

○制度の趣旨を理解して技能実習を行おうとする者であること。

○帰国後、修得等をした技能等を要する業務に従事することが予定されていること。

○企業単独型技能実習の場合にあっては、申請者の外国にある事業所の外国の機関の事業所の常勤の職員であり、かつ、当該事業所から転勤し、又は出向する者であること。

○団体監理型技能実習の場合にあっては、従事しようとする業務と同種の業務に外国において従事した経験を有することとは技能実習に従事することを必要とする特別な事情があること。（※）

○団体監理型技能実習の場合にあっては、本国の国の公的機関から推薦を受けて技能実習を行おうとする者であること。

○同じ技能実習の段階に係る技能実習を過去に行ったことがないこと。

「介護」職種　＜技能実習制度本体の要件に加えて、以下の要件を満たす必要がある。＞

○技能実習生が次の要件を満たすこと。（日本語能力要件）

第1号技能実習（1年目）	日本語能力試験のN4に合格している者※1である者その他これと同等以上の能力を有すると認められる者※1である者。
第2号技能実習（2年目）	日本語能力試験のN3に合格している者その他これと同等以上の能力を有すると認められる者※2である者。

【※1】日本語能力試験との対応関係が明確にされている日本語能力を評価する試験（例「J.TEST実用日本語検定」「日本語NAT-TEST」）における日本語能力試験N4に相当するものに合格している者
【※2】上記と同様の日本語能力試験N3に相当するものに合格している者

（※）同等業務従事経験（いわゆる職歴要件）については例えば、以下の者が該当する。
・外国における高齢者若しくは障害者の介護施設等において、高齢者又は障害者の日常生活上の世話、機能訓練又は療養上の世話等に従事した経験を有する者
・外国における看護課程を修了した者又は看護師資格を有する者
・外国政府による介護士認定等を受けた者

資料

前職要件（省令第10条第2項第3号ホについて）

団体監理型技能実習の場合は、技能実習生は、日本において従事しようとする業務と同種の業務に外国において従事した経験を有することを必要とする特別な事情があることが必要です。（省令第10条第2項第3号ホ）

本邦において従事しようとする業務と同種の業務に外国において従事した経験を有すること

「本邦において従事しようとする業務と同種の業務に外国において従事した経験を有すること」については、日本において行おうとする技能実習において中心的に修得等をしようとする技能等について送出国等で業務として従事した経験を有することを求めるものです。ただし、送出国で業務として従事していた業務の名称が形式的に同一であることまでを求めるものではありません。

団体監理型技能実習に従事することを必要とする特別な事情があること

以下①から③までの場合が該当します。

① 教育機関において同種の業務に関連する教育課程を修了している場合（修了見込みの場合も含む。）

教育機関の形態は問いませんが、教育を受けた期間については6か月以上又は320時間以上であることが必要です。この場合、以下の資料を全て提出することが必要となります。

・ 教育機関の概要を明らかにする書類（同種の業務に関連する分野の教育を行っていることが分かる書類に限る。）
・ 技能実習生が当該教育機関において関連する教育課程を修了したことを証明する書類（修了見込みの証明も含む。）

② 技能実習生が技能実習を行う必要性を具体的に説明でき、かつ、技能実習を行うために必要な最低限の訓練を受けている場合

当該技能実習を行う必要性を具体的に説明できる場合とは、

・ 家業を継ぐことになり、当該分野の技能実習を行う必要性が生じた場合
・ 本国で急成長している分野での就業を希望し、そのために当該分野での技能実習を行う必要性が生じた場合

などをいいます。この場合は、技能実習生に技能実習を行う必要性について具体的に記載させた理由書を提出することが必要となります。

また、技能実習生が入国前講習（実技・座学の別を問わない）が技能実習の職種に関連することが必要です。2か月以上の期間かつ320時間以上の課程を有し、そのうち1か月以上の期間かつ160時間以上の期間かつ160時間以上の課程（実技・座学の別を問わない）が技能実習の職種に関連することが必要です。

③ 実習実施者や監理団体と送出国との間の技術協力上特に必要があると認められる場合

実習実施者や監理団体と送出国の公的機関との間で技能実習制度を活用して人材育成を行う旨の協定等に基づき、技能実習を行わせると認められる場合です。この場合、実習実施者や監理団体と送出国の公的機関との間の技術協力上の必要性を立証する書類を提出することが必要になります。

実習実施者・実習内容に関する要件

技能実習制度本体（主な要件）

○ 技能実習を行わせる事業所ごとに、申請者又はその常勤の役員若しくは職員であって、自己以外の技能実習指導員、生活指導員その他の技能実習に関与する職員を監督することができる立場にあり、かつ、過去3年以内に法務大臣及び厚生労働大臣が告示で定める講習を修了したものの中から、技能実習責任者を選任していること。

○ 技能実習の指導を担当する者として、申請者又はその常勤の役員若しくは職員のうち、技能実習を行わせる事業所に所属する者であって、修得等をさせようとする技能等について5年以上の経験を有するものの中から技能実習指導員を1名以上選任していること。

○ 技能実習生の生活の指導を担当する者として、申請者又はその常勤の役員若しくは職員のうち、技能実習を行わせる事業所に所属する者の中から生活指導員を一名以上選任していること。

○ 技能実習生の受入れ人数の上限を超えないこと。

「介護」職種

＜技能実習制度本体の要件に加えて、以下の要件を満たす必要がある。＞

○ 技能実習指導員のうち1名以上は、介護福祉士の資格を有する者その他これと同等以上の専門的知識及び技術を有すると認められる者（※看護師等）であること。

○ 技能実習生5名につき1名以上の技能実習指導員を選任していること。

○ 技能実習を行わせる事業所が、介護等の業務（利用者の居宅においてサービスを提供する業務を除く。）を行うものであること。《p8参照》

○ 技能実習を行わせる事業所が、開設後3年以上経過していること。

○ 技能実習生に夜勤業務その他少人数の状況下での業務又は緊急時の対応が求められる業務を行わせる場合にあっては、利用者の安全の確保等のために必要な措置を講ずることとしていること。

（※）具体的には、技能実習制度の趣旨に照らし、技能実習生以外の介護職員を同時に配置することが求められるほか、業界ガイドラインにおいても技能実習生以外の介護職員の複数名で業務を行う旨を規定。また、夜勤業務等を行うのは2年目以降の技能実習生に限定する等の努力義務を業界ガイドラインに規定。《p9参照》

○ 技能実習を行う事業所における技能実習生の数が一定数を超えないこと。

○ 入国後講習については、基本的な仕組みは技能実習法本体によるが、日本語学習（240時間（N3程度取得者は80時間）。）と介護等入講習（42時間）の受講を求めることとする。また、講師に一定の要件を設ける。《p10～12参照》

対象施設

【介護福祉士国家試験の受験資格要件において「介護」の実務経験として認める施設のうち、「訪問系サービス」の実務経験として整理したもの】（白：対象　線：一部対象　灰色：対象外又は現行制度において存在しない。）

訪問系サービスを対象外とした形で整理したもの

児童福祉法関係の施設・事業

- 知的障害児施設
- 自閉症児施設
- 知的障害児通園施設
- 盲児施設
- ろうあ児施設
- 難聴幼児通園施設
- 肢体不自由児施設
- 肢体不自由児通園施設
- 肢体不自由児療護施設
- 重症心身障害児施設
- 重症心身障害児(者)通園事業
- 肢体不自由児施設又は重症心身障害児施設の委託を受けた
- 指定医療機関（国立高度専門医療研究センター及び独立行政法人国立病院機構の設置する医療機関であって厚生労働大臣の定めるもの）
- 児童発達支援
- 放課後等デイサービス
- 障害児入所施設
- 児童発達支援センター
- 保育所等訪問支援

障害者総合支援法関係の施設・事業（平成18年9月までの事業）

- 障害者デイサービス事業
- 短期入所
- 障害者支援施設
- 療養介護
- 生活介護
- 児童デイサービス
- 共同生活介護（ケアホーム）
- 共同生活援助（グループホーム）
- 自立訓練
- 就労移行支援
- 就労継続支援
- 知的障害者援護施設（知的障害者更生施設・知的障害者授産施設・知的障害者通勤寮・知的障害者福祉工場）
- 身体障害者更生援護施設（身体障害者更生施設・身体障害者療護施設・身体障害者授産施設・身体障害者福祉工場）
- 福祉ホーム
- 日中一時支援
- 身体障害者自立支援

児童福祉法関係の施設・事業

- 生活サポート
- 経過的デイサービス事業
- 訪問入浴サービス
- 地域活動支援センター
- 精神障害者社会復帰施設　精神障害者授産施設　精神障害者福祉工場
- 在宅重度障害者通所援護事業（日本身体障害者福祉連合会から助成を受けている期間に限る）
- 知的障害者通所援護事業（全日本手をつなぐ育成会から助成を受けている期間に限る）
- 居宅介護
- 重度訪問介護
- 行動援護
- 同行援護
- 外出介護（平成18年9月までの事業）
- 移動支援事業

老人福祉法・介護保険法関係の施設・事業

- 第1号通所事業
- 老人デイサービスセンター
- 指定通所介護（指定療養通所介護を含む）
- 指定地域密着型通所介護
- 指定介護予防通所介護
- 指定認知症対応型通所介護
- 指定介護予防認知症対応型通所介護
- 老人短期入所施設
- 指定短期入所生活介護
- 指定介護予防短期入所生活介護
- 養護老人ホーム
- 特別養護老人ホーム
- 軽費老人ホーム
- ケアハウス※1
- 有料老人ホーム※1
- 指定小規模多機能型居宅介護※2
- 指定介護予防小規模多機能型居宅介護※2
- 指定複合型サービス※2

- 指定介護予防訪問入浴介護
- 指定認知症対応型共同生活介護
- 介護予防認知症対応型共同生活介護
- 介護老人保健施設
- 指定通所リハビリテーション
- 指定介護予防通所リハビリテーション
- 指定短期入所療養介護
- 指定介護予防短期入所療養介護
- 指定特定施設入居者生活介護
- 指定介護予防特定施設入居者生活介護
- 指定地域密着型特定施設入居者生活介護
- サービス付き高齢者向け住宅※3
- 第1号訪問事業
- 指定訪問介護
- 指定介護予防訪問介護
- 指定夜間対応型訪問介護
- 指定定期巡回・随時対応型訪問介護看護

生活保護法関係の施設

- 救護施設
- 更生施設

その他の社会福祉施設等

- 地域福祉センター
- 隣保館デイサービス事業
- 独立行政法人国立重度知的障害者総合施設のぞみの園
- ハンセン病療養所
- 原子爆弾被爆者養護ホーム
- 原子爆弾被爆者デイサービス事業
- 原子爆弾被爆者ショートステイ事業
- 労災特別介護施設
- 有爆被爆者家庭奉仕員派遣事業
- 家政婦紹介所（個人の家庭における介護等の業務を行なう場合に限る）

病院又は診療所

- 病院
- 診療所

※1　特定施設入居者生活介護（外部サービス利用型特定施設入居者生活介護を除く。）、介護予防特定施設入居者生活介護（外部サービス利用型介護予防特定施設入居者生活介護を除く。）、地域密着型特定施設入居者生活介護（外部サービス利用型地域密着型特定施設入居者生活介護を除く。）を行う施設を対象とする。
※2　訪問系サービスに従事することとは除く。
※3　有料老人ホームに該当する場合は、有料老人ホームとして要件を満たた施設を対象とする。

技能実習生の人数枠

受け入れることができる技能実習生は、事業所単位で、介護等を主たる業務として行う常勤職員（常勤介護職員）の総数に応じて設定（常勤介護職員の総数が上限）した数を超えることができない。

＜団体監理型の場合＞

事業所の常勤介護職員の総数	一般の実習実施者		優良な実習実施者	
	1号	全体（1・2号）	1号	全体（1・2・3号）
1	1	1	1	1
2	1	2	2	2
3～10	1	3	2	3～10
11～20	2	6	4	11～20
21～30	3	9	6	21～30
31～40	4	12	8	31～40
41～50	5	15	10	41～50
51～71	6	18	12	51～71
72～100	6	18	12	72
101～119	10	30	20	101～119
120～200	10	30	20	120
201～300	15	45	30	180
301～	常勤介護職員の20分の1	常勤介護職員の20分の3	常勤介護職員の10分の1	常勤介護職員の5分の3

※ 法務大臣及び厚生労働大臣が継続的で安定的な実習を行わせる体制を有すると認める企業単独型技能実習も同様。

＜企業単独型の場合＞

	一般の実習実施者		優良な実習実施者	
	1号	全体（1・2号）	1号	全体（1・2・3号）
	常勤介護職員の20分の1	常勤介護職員の20分の3	常勤介護職員の10分の1	常勤介護職員の5分の3

入国後講習の教育内容と時間数について

○ 介護においては、基本的には、技能実習制度本体の仕組みによるが、日本語と介護導入講習については、以下の内容によることとする。（入国前講習を行った場合には、内容に応じて時間数を省略できる。）

講習内容	
科目※	時間数
日本語【詳細は①】	240
介護導入講習【詳細は②】	42
法的保護等に必要な情報	8※1
生活一般	―
総時間数	320※1

（※1）技能実習制度本体上定められているもの。総時間数の1/6（入国前講習を受けた場合は1/12）以上とされている。（320時間については目安として記載。）

第1号技能実習の予定時間全体の1/6（入国前講習を受けた場合は1/12）以上とされている。（320時間については目安として記載。）

①日本語	
教育内容	時間数（※2）
総合日本語	100(90)
聴解	20(18)
読解	13(11)
文字	27(24)
発音	7(6)
会話	27(24)
作文	6(5)
介護の日本語	40(36)
合計	240

（※2）日本語科目の各教育内容の時間数については上記を標準として、設定。（）内に記載した時間数が最低限の時間数として求められる。

②介護導入講習	
教育内容	時間数
介護の基本Ⅰ・Ⅱ	6
コミュニケーション技術	6
移動の介護	6
食事の介護	6
排泄の介護	6
衣服の着脱の介護	6
入浴・身体の清潔の介護	6
合計	42

N3程度以上を有する技能実習生については、①日本語のうちの「発音」「会話」「作文」「介護の日本語」について、合計で80時間以上の受講を要件とする。各教育内容の時間数については、上記と同様。

入国後講習の講師要件について

日本語（※）	○ 大学又は大学院で日本語教育課程を履修し、卒業又は修了した者
	○ 大学又は大学院で日本語教育に関する科目の単位を26単位以上修得して卒業又は修了した者
	○ 日本語教育能力検定試験に合格した者
	○ 学士の学位を有し、日本語教育に関する研修で適当と認められるものを修了したもの
	○ 海外の大学又は大学院で日本語教育で日本語教育課程を履修し、卒業又は修了した者
	○ 学士の学位を有する者であって、技能実習計画の認定の申請の日から遡り3年以内の日において日本語教育機関で日本語教員として1年以上に従事した経験を有し、かつ、現に日本語教育機関の日本語教員の職を離れていないもの

（※）「日本語教育機関の告示基準」（法務省入国管理局 平成28年7月22日策定）、「日本語教育機関の告示基準解釈指針」に示されている在留資格「留学」による留学先として認められる日本語教育機関の講師の要件を基にしている。

介護導入講習	○ 介護福祉士養成施設の教員として、介護の領域の講義を教授した経験を有する者
	○ 福祉系高校の教員として、生活支援技術等の講義を教授した経験を有する者
	○ 実務者研修の講師として、生活支援技術等の講義を教授した経験を有する者
	○ 初任者研修の講師として、生活支援技術等の講義を教授した経験を有する者
	○ 特例高校の教員として、生活支援技術等の講義を教授した経験を有する者

入国前講習について

O 技能実習制度本体において、1か月以上の期間かつ160時間以上の入国前講習を行えば、入国後講習は1か月に短縮可能とされている。

O 介護職種については、日本語科目について240時間以上（N3取得者の場合は80時間以上）、介護導入講習について42時間以上の講義を行う必要があるが、入国前講習において、各科目について所定の時間数の2分の1以上の時間数の講義を行った場合には、入国後講習において2分の1を上限として各科目の時間数を短縮できる。（各教育内容については講義を行った時間数の分だけ短縮可能。）

O 入国後講習の時間数を短縮する場合については、入国前講習における教育内容と講師が入国後講習と同様の要件（p10、p11参照）を満たしている必要がある。ただし、入国前講習の日本語科目の講義については、「外国の大学又は大学院を卒業し、かつ、申請の日から遡り3年以内の日において外国における日本語教育機関の日本語教員として1年以上の経験を有し、現に日本語教員の職を離れていない者」も講師として認められる。

＜入国後講習の一部を免除する場合の具体例＞

【入国前】（※総合日本語、聴解、読解、文字を行う場合）

科目	時間数
総合日本語	70
聴解	20
読解	10
文字	20
発音	0
会話	0
作文	0
介護の日本語	0
合計	120

【入国後】

科目	時間数
総合日本語	30(100)
聴解	0(20)
読解	3(13)
文字	7(27)
発音	7
会話	27
作文	6
介護の日本語	40
合計	120

（）内の時間数は告示で標準として示した時間数

監理団体に関する要件

技能実習制度本体（主な要件）

○ 次に掲げる本邦の営利を目的としない法人であること。

（1）商工会議所 （2）商工会※ （3）中小企業団体※ （4）職業訓練法人 （5）農業協同組合※ （6）漁業協同組合※

（7）公益社団法人 （8）公益財団法人

（9）その他、監理事業を行うことについて特別の理由があり、かつ、重要事項の決定及び業務の監査を行う適切な機関を置いているもの。

※ その実習監理を受ける実習実施者が当該団体の会員である場合に限る。

○ 技能実習計画の作成の指導に当たっては、適切かつ効果的に技能を修得等をさせる観点からの指導については、修得等をさせようとする技能等について一定の経験又は知識を有する役員又は職員にこれを担当させること。

「介護」職種 ＜以下の要件を満たす必要がある。＞

○ 次のいずれかに該当する法人であること。

① 商工会議所、商工会、中小企業団体、職業訓練法人、公益社団法人又は公益財団法人

※ 技能実習制度本体上、商工会議所、商工会、中小企業団体の場合は、その実習監理を受ける介護職種の実習実施者が組合員又は会員である場合に限る。

② 当該法人の目的に介護事業の発展に寄与すること等が含まれる全国的な医療又は介護に従事する事業者から構成される団体（その支部を含む。）であること。

○ その役職員に介護職として5年以上の経験を有する介護福祉士等（※看護師等）がいるものであること。

○ 「介護」職種における第3号技能実習の実習監理及び受入人数枠拡大の可否（いわゆる「介護」職種における優良要件）は、「介護」職種における実績等を基に判断すること。《p15参照》

縦資

141

優良な実習実施者及び監理団体（一般監理事業）の要件

○ 実習実施者について、技能等の修得等をさせる能力につき高い水準を満たすものとして主務省令で定める基準に適合していること（法第9条第10号）

○ 監理団体について、技能実習の実施状況の監査その他の業務を遂行する能力につき高い水準を満たすものとして主務省令で定める基準に適合していること（法第25条第1項第7号）

いずれも得点が満点の6割以上であれば、優良な実習実施者・監理団体の基準に適合することとなる。

優良な実習実施者の要件

（満点120）

① 技能等の修得等に係る実績（70点）
・過去3年間の基礎級、3級、2級程度の
技能検定等の合格率*　等
*3級2級程度については、新制度への移行期は合格実績を勘案

② 技能実習を行わせる体制（10点）
・過去3年以内の技能実習指導員、生活指導員の講習受講歴
（講習については経過措置有）

③ 技能実習生の待遇（10点）
・第1号実習生の賃金と最低賃金の比較
・技能実習の各段階の賃金の昇給率

④ 法令違反・問題の発生状況（5点（違反等があれば大幅減点））
・過去3年以内の改善命令の実績、失踪の割合
・過去3年以内に実習実施者に責めのある失踪の有無

⑤ 相談・支援体制（15点）
・母国語で相談できる相談員の確保
・他の機関で実習継続が困難となった実習生の受入実績　等

⑥ 地域社会との共生（10点）
・実習生に対する日本語学習の支援
・地域社会との交流を行う機会・日本文化を学ぶ機会の提供

優良な監理団体の要件

（満点120）

① 実習の実施状況の監査その他の業務を行う体制（50点）
・監理事業に関与する常勤の役職員の監査と実習監理を行う実習実施者の比率
・監理責任者以外の監査に関与する職員の講習受講歴　等

② 技能等の修得等に係る実績（40点）
・過去3年間の基礎級、3級、2級程度の
技能検定等の合格率*　等
*3級2級については、新制度への移行期は合格実績を勘案

③ 法令違反・問題の発生状況（5点（違反等があれば大幅減点））
・過去3年以内の改善命令の実績、失踪の割合

④ 相談・支援体制（15点）
・他の機関で実習が困難となった実習生の受入に協力する旨の登録を行っていること
・他の機関で実習継続が困難となった実習生の受入実績　等

⑤ 地域社会との共生（10点）
・実習実施者に対する日本語学習への支援
・実習実施者が行う地域社会との交流を行う機会・日本文化を学ぶ機会
の提供への支援

介護職種における優良な監理団体の要件

> 得点が満点（80点）の6割以上となる監理団体は
> 介護職種の優良な監理団体の基準に適合することとなる。
> （※ 前提として全職種共通の優良な監理団体の要件（p14参照）を満たしている必要がある。）

① 介護職種における監理型技能実習の実施状況の監査その他の業務を行う体制

項目	配点
【最大40点】	
I 介護職種の実習実施者に対して監理団体が行う定期の監査について、その実施方法・手順を定めたマニュアル等を策定し、監査を担当する職員に周知していること。	・有 ： 5点
II 介護職種の監理事業に関与する常勤の役職員と実習監理を行う介護職種の実習実施者の比率	・1：5未満 ： 15点 ・1：10未満 ： 7点
III 介護職種の実習実施者の技能実習責任者、技能実習指導員、生活指導員等に対し、毎年、研修の実施、マニュアルの配布などの支援を行っていること	・有 ： 5点
IV 帰国後の介護職種の技能実習生のフォローアップ調査に協力すること。	・有 ： 5点
V 介護職種の技能実習生のあっせんに関し、監理団体の役職員が送出国での事前面接をしていること。	・有 ： 5点
VI 帰国後の介護職種の技能実習生に関し、送出機関と連携して、就職先の把握を行っていること。	・有 ： 5点

② 介護職種における技能等の修得等に係る実績

項目	配点
【最大40点】	
I 過去3年間の初級の介護技能実習評価試験の学科試験及び実技試験の合格率	・95%以上：10点 ・80%以上95%未満：5点 ・75%以上80%未満：0点 ・75%未満：－10点
II 過去3年間の専門級、上級の介護技能評価試験の合格率 ＜計算方法＞ 分母：技能実習生の2号・3号修了者数 －うち受検不要な不受検者数 分子：（専門級合格者数＋上級合格者数×1.5）×1.2	・80%以上：20点 ・70%以上80%未満：15点 ・60%以上70%未満：10点 ・50%以上60%未満：0点 ・50%未満：－20点
III 直近過去3年間の専門級、上級の介護技能評価試験の学科試験の合格実績 ＊ 専門級、上級でそれぞれ分けず、合格人数の合計で評価	・2以上の実習実施者から合格者を輩出：5点 ・1の実習実施者から合格者を輩出：3点
IV 技能検定等の実施への協力 ＊ 傘下の実習実施者が、介護技能評価試験の試験員を社員等の中から輩出している場合を想定	・1以上の実習実施者から協力有：5点

監理

監理団体の許可・技能実習計画の認定等に係る手順について

技能実習計画の認定等

実習実施者＋監理団体 → 技能実習計画の作成

実習実施者 → 技能実習計画の認定申請

外国人技能実習機構 → 計画の内容や受入体制の適正性等を審査

計画の内容や受入体制の適正性等を審査
- ○認定基準に適合すること
  - ・実習生の本国において修得等が困難な技能等であること
  - ・1号又は2号の技能実習計画（で定めた技能検定又は技能実習評価試験に合格していること（2号又は3号の計画認定時）など
- ○欠格事由に該当しないこと
  - ・一定の前科がないこと。
  - ・5年以内に認定取消しを受けていないこと。
  - ・5年以内に出入国又は労働に関する法令に関し不正又は著しく不当な行為をしていないこと など

技能実習計画の認定

実習生（監理団体が代理） → 在留資格認定証明書の交付申請等

法務大臣（地方入管局） → 在留資格認定証明書の交付等

※ 新規に入国する場合等は日本大使館等へ査証申請が必要

実習生の受入れ

監理団体の許可

監理団体（事業協同組合等） → 監理団体の許可申請

外国人技能実習機構 → 団体の体制等を予備審査

団体の体制等を予備審査
- ○許可基準に適合すること
  - ・監理事業を適正に行う能力を有すること
  - ・外部役員の設置又は外部監査の措置を行っていること など
- ○欠格事由に該当しないこと
  - ・一定の前科がないこと。
  - ・5年以内に許可取消しを受けていないこと
  - ・5年以内に出入国又は労働に関する法令に関し不正又は著しく不当な行為をしていないこと など

主務大臣 → 主務大臣（法務大臣・厚生労働大臣）へ報告

監理団体の許可

技能実習計画の認定手続へ

介護職種の技能実習生の受入れに向けたスケジュール

主な事項	日付
職種追加の省令・介護固有要件を定める告示の公布	9月29日（金）
介護職種の監理団体の許可申請の開始　※外国人技能実習機構 本部 監理団体部審査課にて受付	
①介護職種を含む監理団体の許可を新規で申請する場合	10月16日（月）
②既に監理団体の許可を申請しており、介護職種を追加する場合（＊）	10月16日（月）
介護職種の技能実習計画認定申請の開始　※外国人技能実習機構 地方事務所・支所 認定課にて受付	11月1日（水）

＊ 許可申請をされた時期によっては、当初申請された内容に基づき許可証明書を公布した上で、改めて介護職種を含む許可証を公布する場合があります。

施行日　平成２９年１１月１日

※詳細については、外国人技能実習機構ホームページで公開。

技能実習計画の認定申請、在留資格認定証明書交付申請及び査証申請の審査期間を考慮すると、技能実習計画の認定を行ってから、おおむね４か月後から受入れが可能となります。

参資
料

145

外国人技能実習機構の地方事務所

地方事務所 全国13か所（本所8か所・支所5か所）

名称	所在地・連絡先	担当地区
札幌事務所	〒060-0034 北海道札幌市中央区北4条東2-8-2 マルイト北4条ビル5階　Tel.011-596-6470	北海道
仙台事務所	〒980-0811 宮城県仙台市青葉区一番町2-4-1 仙台興和ビル12階　Tel.022-399-6326	青森県、岩手県、宮城県、秋田県、山形県、福島県
東京事務所	〒108-8203 東京都港区港南1-6-31 品川東急ビル8階　Tel.03-6433-9211	栃木県、群馬県、埼玉県、千葉県、東京都、神奈川県、山梨県
水戸支所	〒310-0062 茨城県水戸市大町1-2-40 朝日生命水戸ビル3階　Tel.029-350-8852	茨城県
長野支所	〒380-0825 長野県長野市南長野末広町1361 ナカジマ会館ビル6階　Tel.026-217-3556	新潟県、長野県
名古屋事務所	〒460-0008 愛知県名古屋市中区栄4-15-32 日建・住生ビル5階　Tel.052-684-8402	岐阜県、静岡県、愛知県、三重県
富山支所	〒930-0004 富山県富山市桜橋通り5-13 富山興銀ビル12階　Tel.076-471-8564	富山県、石川県、福井県
大阪事務所	〒541-0043 大阪府大阪市中央区高麗橋4-2-16 大阪朝日生命館3階　Tel.06-6210-3351	滋賀県、京都府、大阪府、兵庫県、奈良県、和歌山県
広島事務所	〒730-0051 広島県広島市中区大手町3-1-9 広島共立ビル3階　Tel.082-207-3123	鳥取県、島根県、岡山県、広島県、山口県
高松事務所	〒760-0023 香川県高松市寿町2-2-10 高松寿町プライムビル7階　Tel.087-802-5850	徳島県、香川県
松山支所	〒790-0003 愛媛県松山市三番町7-1-21 ジブラルタ生命松山ビル2階　Tel.089-909-4110	愛媛県、高知県
福岡事務所	〒812-0029 福岡県福岡市博多区古門戸町1-1 日刊工業新聞社西部支社ビル7階　Tel.092-710-4070	福岡県、佐賀県、長崎県、大分県、沖縄県
熊本支所	〒860-0806 熊本県熊本市中央区花畑町1-7 MY熊本ビル2階　Tel.096-223-5372	熊本県、宮崎県、鹿児島県

介護職種の技能実習制度に関するHPについて

○ 介護職種の技能実習制度の関係法令や介護固有要件の概要、技能実習計画のモデル例等については、厚生労働省HP（http://www.mhlw.go.jp/stf/seisakunitsuite/bunya/0000147660.html）で公表しております。

○ 介護職種における監理団体の許可申請手続きや技能実習計画の認定申請手続き、申請様式については、外国人技能実習機構のHP（http://www.otit.go.jp/）で公表しております。

令和元年度生活困窮者就労準備支援事業費等補助金（社会福祉推進事業）
介護職種における技能実習指導員から技能実習生への適切な技能移転のあり方に関する調査研究事業

外国人技能実習制度における「技能実習指導員」

指導ガイドライン

（介護職種）

抜　粋

令和２年　３月

一般社団法人シルバーサービス振興会

はじめに

　平成 29 年 11 月、「外国人の技能実習の適正な実施及び技能実習生の保護に関する法律（以下、「技能実習法」という。）」の施行に伴い、技能実習制度に対人サービスとして初となる「介護職種」が追加されました。その後、介護職種の技能実習生の受入れ数は着実に増加しています。

　技能実習制度の目的は、日本から海外への技能移転としての国際貢献であることから、技能実習生を受け入れる事業所・施設（実習実施者）にあっては、技能実習生が介護の知識・技術等の技能を適切に修得できるよう実習体制を確保しなければなりません。このため、具体的な指導体制としては、実習の指導を担当する「技能実習指導員」を技能実習生 5 名につき 1 名以上選任（そのうち 1 名以上は介護福祉士等）することなど、制度上、介護職種の特性を踏まえた固有要件が設けられています。

　介護職種の技能実習においては、国や技能実習評価試験機関から、技能実習の内容、具体的な技術、着眼点、到達目標となる試験の基準が公開されており、それらに基づき実習実施者が技能実習生ごとの個別の技能実習計画を作成します。「技能実習責任者」「技能実習指導員」をはじめ現場の職員がこの計画に従い、目的や指導方針を共有しながら、適切に技能実習が行えるよう体制や環境を整えていかなければなりません。

　本ガイドラインの作成にあたって、技能実習生に指導を行う立場である「技能実習責任者」「技能実習指導員」を対象として、これらの方々へのアンケートやヒアリング調査の結果を基に、技能実習生を指導する際のポイントをまとめました。技能実習生の受入れ時期に応じて、どのような取組を行うべきか、また、指導の際にどのような点に気をつけるべきかなど、「技能実習指導員」が実際に指導を行っていくうえでの留意事項を時系列に整理しています。また、実際に技能実習生を受け入れている実習実施者の具体的な取組事例も紹介しています。

　技能実習は、我が国の介護職が培ってきた技能を移転するという国際貢献の役割だけでなく、これに取り組むことで、介護サービスの質を向上させるとともに介護職の社会的評価の向上につながることが期待されます。「技能実習指導員」はその中心的役割を担うことから、本ガイドラインがその一助となることを切に願っております。

令和 2 年 3 月

　　　　　　　　　　　　　　　　　　　一般社団法人シルバーサービス振興会

資料

【本ガイドラインの位置づけ】

　本ガイドラインは、「技能実習指導員」が適切な指導を行うにあたって、技能実習生の受入れから第1号技能実習修了時までの期間、どのようなことに取り組む必要があるかを時系列に整理しています。また、ガイドラインでは、技能実習生への指導方法や実習に関わる方々との連携のあり方などにも触れています。実習実施者によって職員数などの規模や実習生の受入れ人数が異なる点にもできる限り配慮し、どのような環境でも円滑に実習が進められるよう特に押さえるべきポイントに絞り、その考え方を掲載しています。技能実習指導員自身の指導方法をはじめ、事業所・施設等において受入れ体制を検討する際の参考として本ガイドラインをご活用ください。

　実習期間は最長5年間です。特に第1号技能実習期間中（実習1年目）は、技能実習生、技能実習指導員ともに不安を感じやすい時期ですが、この期間はお互いの信頼関係を構築し、よりよい指導体制を整えていく上で極めて重要な時期であると考えられます。そのため、本ガイドラインでは第1号技能実習期間を想定した指導のあり方を示しています。

【本ガイドラインの対象者】

　本ガイドラインは、これから技能実習に取り組む「技能実習指導員」を対象とし、実習指導に必要なポイントを事前に把握したうえで指導に臨むことができるようにしています。また、既に技能実習生の指導にあたっている技能実習指導員にも、自身の取組を振り返るために活用していただけます。本調査研究で実施した技能実習指導員向けのアンケート結果を見ますと、技能実習生の受入れに関する取組は「順調である」「概ね順調である」と回答した者が90.2%であるものの、一方で、技能実習指導員という役割に対する不安感では「少し不安がある」「大いに不安がある」と回答した者は64.6%でした。これは、過半数の技能実習指導員は不安を抱えながらも、試行錯誤の中で技能実習に取り組み、結果として順調に進んでいるものと思われます。

　また、「技能実習責任者」や「その他技能実習に関わる関係職員」にも、活用いただけます。技能実習は「技能実習指導員」1人だけでできるものではありません。技能実習生を取り巻く多くの関係者が技能実習制度への理解を深め、それぞれの関係者が連携しながら技能実習生をサポートすることが大切であることから、技能実習生を受け入れている実習実施者や監理団体の皆様にもご活用いただきたいと思います。

【本ガイドラインの構成】

　本ガイドラインは、大きくわけて3つの構成になっています。第1章には「実習実施者における介護固有要件」として固有要件の基礎知識について復習できるようにしています。第2章には「技能実習生への技能移転の要点」として、技能実習生の受入れ前から第1号技能実習修了時までの指導における留意事項を時系列で整理しています。第3章には「取組事例」として、第2章に記載の内容の具体的な取組事例を紹介しています。

※第2章、第3章では、技能実習に関係する名称を読みやすいよう略称で表記しています。

   技能実習責任者　　→　　責任者

   技能実習指導員　　→　　指導員

   生活指導員　　　　→　　生活指導員

   技能実習生　　　　→　　実習生

   実習実施者　　　　→　　事業所・施設

※第2章の中に掲載している統計データは、調査研究事業において技能実習責任者及び技能実習指導員に対して行ったアンケート結果を基にしています。技能実習責任者及び技能実習指導員が実際に現場でどのような取組を行っているか参考になる点があることから掲載しています。

調査名：令和元年度社会福祉推進事業「介護職種における技能実習指導の状況等に係る調査」

① 調査対象
　調査協力地区：全国
　調査対象者　：介護技能実習評価試験の受検申請を行ったことがある実習実施者に在籍する
　　　　　　　　技能実習責任者及び技能実習指導員
　調査客体数　：696事業所（実習実施者）の技能実習責任者及び技能実習指導員

② 調査方法
　調査票を用いた郵送法（郵送配布・回収）

③ 調査期間
　令和元年11月23日～12月13日

④ 回収状況
　技能実習責任者に対する調査　　回収数　310票（回収率：44.5%）
　技能実習指導員に対する調査　　回収数　303票
　※技能実習指導員に対する調査は、事業所ごとに回答数が異なり、母数が把握できないため回収率は算出していない。

資料

目 次

第1章：実習実施者における介護固有要件

１．技能実習生を受け入れることができる施設について

　「介護」は日常生活上の行為を支援するものであり、多様な場面で展開され得るものです。しかしながら、適切な技能移転を図るためには、移転の対象となる「介護」の業務が行われていることが制度的に担保されている必要があることから、技能実習生を受け入れることができる事業所・施設を「介護福祉士の国家試験の受験資格要件において「介護」の実務経験として認められる施設」に限定しています（表１）。また、居宅介護サービスでは技能実習における指導体制の確保が困難なことから、「利用者の居宅においてサービスを提供する業務」は除かれています。

　さらに、十分な指導体制が確立されている必要があることから、実習実施者（技能実習を行わせる事業所）には開設後３年以上経過していることが要件とされています。

（表１）

対象施設（介護福祉士国家試験の受験資格要件において「介護」の実務経験として認める施設のうち、現行制度において存在するものについて、訪問介護等の訪問系サービスを対象外とした形で整理をしたもの）※白：対象、緑：一部対象		
児童福祉法関係の施設・事業	**老人福祉法・介護保険法関係の施設・事業**	**介護医療院**
肢体不自由施設又は重症心身障害児施設の委託を受けた指定医療機関（国立高度専門医療研究センター及び独立行政法人国立病院機構の設置する医療機関であって厚生労働大臣の指定するもの）	第1号通所事業	指定通所リハビリテーション
	老人デイサービスセンター	指定介護予防通所リハビリテーション
児童発達支援	指定通所介護（指定療養通所介護を含む）	指定短期入所療養介護
放課後等デイサービス	指定地域密着型通所介護	指定介護予防短期入所療養介護
障害児入所施設	指定認知症対応型通所介護	指定介護予防特定施設入居者生活介護
児童発達支援センター	指定介護予防認知症対応型通所介護	指定地域密着型特定施設入居者生活介護
保育所等訪問支援	老人短期入所施設	
	指定短期入所生活介護	**生活保護法関係の施設・事業**
障害者総合支援法関係の施設・事業	指定介護予防短期入所生活介護	救護施設
短期入所	養護老人ホーム※1	更生施設
障害者支援施設	特別養護老人ホーム（指定介護老人福祉施設）	
療養介護	軽費老人ホーム※1	**その他の社会福祉施設等**
生活介護	ケアハウス※1	地域福祉センター
共同生活援助（グループホーム）	有料老人ホーム※1	隣保館デイサービス事業
自立訓練	指定小規模多機能型居宅介護※2	独立行政法人国立重度知的障害者総合施設のぞみの園
就労移行支援	指定介護予防小規模多機能型居宅介護※2	ハンセン病療養所
就労継続支援	指定複合型サービス※2	原子爆弾被爆者養護ホーム
福祉ホーム	指定認知症対応型共同生活介護	原子爆弾被爆者デイサービス事業
日中一時支援	指定介護予防認知症対応型共同生活介護	原子爆弾被爆者ショートステイ事業
地域活動支援センター	介護老人保健施設	労災特別介護施設
		病院又は診療所
		病院
		診療所

※1 特定施設入居者生活介護（外部サービス利用型特定施設入居者生活介護を除く。）、介護予防特定施設入居者生活介護（外部サービス利用型介護予防特定施設入居者生活介護を除く。）、地域密着型特定施設入居者生活介護（外部サービス利用型地域密着型特定施設入居者生活介護を除く。）を行う施設を対象とする。
※2 訪問系サービスに従事することは除く。

┌─ 確認！ ─┐

受入れ対象の事業所・施設であっても、技能実習生が技能等の修得を行えない場合は受け入れることができません。
受入れを検討する際には、受け入れるための条件（介護固有要件）等を確認する必要があります。

1

２．受け入れることができる技能実習生の人数について

　技能実習の目的は技能移転であることから、実習指導が技能実習生１人１人に行き届くように、技能実習生の受入れ人数には上限が設けられています（表２）。

　介護職種においては、実習実施者は各事業所・施設等の単位で、介護等を主たる業務として行う常勤職員の総数に応じて受入れ人数が設定されています。

（表２）

技能実習生の人数枠

受け入れることができる技能実習生は、事業所単位で、介護等を主たる業務として行う常勤職員（常勤介護職員）の総数に応じて設定**（常勤介護職員の総数が上限）**した数を超えることができない。

＜団体監理型の場合＞

事業所の常勤介護職員の総数	一般の実習実施者		優良な実習実施者	
	1号	全体（1・2号）	1号	全体（1・2・3号）
1	1	1	1	1
2	1	2	2	2
3〜10	1	3	2	3〜10
11〜20	2	6	4	11〜20
21〜30	3	9	6	21〜30
31〜40	4	12	8	31〜40
41〜50	5	15	10	41〜50
51〜71	6	18	12	51〜71
72〜100	6	18	12	72
101〜119	10	30	20	101〜119
120〜200	10	30	20	120
201〜300	15	45	30	180
301〜	常勤介護職員の20分の1	常勤介護職員の20分の3	常勤介護職員の20分の1	常勤介護職員の5分の3

※法務大臣及び厚生労働大臣が継続的で安定的な実習を行わせる体制を有すると認める企業単独型技能実習も同様。

＜企業単独型の場合＞

一般の実習実施者		優良な実習実施者	
1号	全体（1・2号）	1号	全体（1・2・3号）
常勤介護職員の20分の1	常勤介護職員の20分の3	常勤介護職員の10分の1	常勤介護職員の5分の3

> **確認！**
>
> 実習生の受入れ人数は、受入れ事業所・施設や指導員が適切な指導を行うことができるかを見極めたうえで、検討することが必要です。

2

３．実習実施者に配置する職種について

　実習実施者は、技能実習生の技能等の修得にあたり、適切に指導が行える人員体制を確保する必要があり、技能実習法上、技能実習責任者、技能実習指導員、生活指導員を配置しなければなりません。これらの職種は、実習実施者内の常勤の役員や職員から選任しなければならないとされています。また、欠格事由に該当する者（禁錮以上の刑に処せられ、その執行を終えた日から５年を経過していない者等）、過去５年以内に出入国又は労働に関する法令に関し不正又は不当な行為をした者、未成年者を選任することはできません。

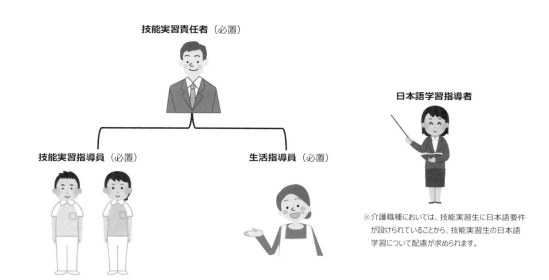

技能実習責任者（必置）

技能実習指導員（必置）　　　　　　　　　　　　**生活指導員**（必置）

日本語学習指導者

※介護職種においては、技能実習生に日本語要件が設けられていることから、技能実習生の日本語学習について配慮が求められます。

【技能実習責任者】

技能実習指導員、生活指導員その他技能実習に関与する職員を監督する責任を負う者です。技能実習の進捗状況を管理するほか、技能実習計画を作成することとされています。また、過去３年以内に「技能実習責任者講習」を修了した者でなければなりません。

　　確認！

　技能実習責任者は技能実習の進捗状況を管理するという業務の特性から、介護の知識・技術を有している者を選任することが望ましいです。また、技能実習指導員の統括管理を行う必要があることから新人職員をあてることは認められていません。技能実習指導員や生活指導員との兼務も可能ですが、その場合、技能実習責任者としての役割を十分に果たすことができるか確認する必要があります。

3

【技能実習指導員】

技能実習生への技能移転のために直接現場で指導をする者です。移転すべき技能等について5年以上の経験を有していることが求められます。また、介護職種における固有の要件として、技能実習指導員の中の1名以上は、介護福祉士の資格を有する者（又は、看護師等これと同等以上の専門的知識及び技術を有する者）とされています。さらに、技能実習生5名につき1名以上配置する必要があります。

技能実習指導員の養成にあたっては「技能実習指導員講習」が開催されています。受講は義務ではありませんが、制度の正しい理解、技能実習指導員の役割を正しく理解するためにも講習を修了した者が望ましいとされています。

> **確認！**
>
> 「技能実習生5名につき1名以上の技能実習指導員の配置」は最低条件です。介護は、利用者の安全を確保しながら技能実習生に技能を身につけてもらうことになるため、適切な技能移転のために指導員は何名必要か、指導員以外に指導に関わる者を配置するかなど、人員体制は実習実施者にあわせて考える必要があります。（第2章 1.入国前（受入準備）参照）

> **確認！**
>
> 例年、厚生労働省補助事業により、「介護職種の技能実習指導員講習」が開催されます。本講習では技能実習制度の基本知識をはじめ、介護の移転すべき技能の考え方や実習生への指導方法などについても学ぶことができます。なお、令和元年度の講習で使用された講習テキストは日本介護福祉士会のホームページに公開されています。

【生活指導員】

技能実習生の生活面を指導する者です。生活指導員は、技能実習生の生活上の留意点について指導するだけでなく、技能実習生の生活状況を把握するほか、相談を受ける等して、問題の発生を未然に防止することが求められます。

生活指導員の養成にあたっては「生活指導員講習」が開催されています。受講は義務ではありませんが、制度の正しい理解、生活指導員の役割を正しく理解するためにも講習を修了した者が望ましいとされています。

> **確認！**
>
> 生活指導員に関して介護固有要件はありませんが、技能実習生の生活と現場での実習は密接につながっています。技能実習責任者や技能実習指導員と連携をとり、技能実習生に寄り添う体制を構築する必要があります。

4

【その他：日本語学習指導者】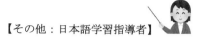

技能実習生が技能を修得するためには日本語能力も重要です。特に、対人サービスである介護職種は、利用者の意向を確認する、職員の指示を受けて報告する等、技能の修得にあたって日本語でのコミュニケーションが重視されていることから、技能実習生には日本語能力の要件が設けられています。

また、技能実習計画には、技能移転の対象業務の記載だけではなく、（1）個々の業務において必要となる着眼点や具体的な技術等の内容を記載するとともに、（2）介護業務に関連して日本語の学習を進められるよう、必須業務、関連業務、周辺業務ごとに業務に関連する日本語学習について記載する必要があります。

そのため、実習実施者は、技能実習生が日本語を修得できるよう環境を整えることが必要です。日本語学習を指導する者が事業所・施設内にいることが理想ですが、配置できない場合は、様々な日本語学習支援ツール（※）を活用することが考えられます。また、地方公共団体や近隣の日本語教室が日本語学習のための研修などを開催している場合は、技能実習生が受講できるよう十分にサポートすることも必要です。

※WEBコンテンツ「にほんごをまなぼう」をはじめ「介護の日本語テキスト」など、介護の日本語を学習するための支援ツールが日本介護福祉士会により開発されています。これらの支援ツールは9言語（英語、クメール語、インドネシア語、ネパール語、モンゴル語、ビルマ語、ベトナム語、中国語、タイ語）に翻訳されているため、実習生の国籍に応じて活用することができます。なお、これらは厚生労働省補助事業により開発したものであり、幅広く活用されるよう無料で公開されています。

> 確認！
>
> 技能実習生は、技能実習指導員の指示の下、業務を行うことから、指示の仕方には工夫が必後要です。できるだけ平易な言葉で伝えること、伝わらないときは単語を言い換える等、技能実習指導員には指示の内容を正しく伝えるための工夫が必要です。日本語学習指導者は、技能実習指導員がうまく指示できるようサポートすることが必要です。同時に、日本語学習指導者は介護現場でよく使われる専門用語を技能実習指導員から教えてもらうことで、より実践的な日本語を実習生に覚えてもらうことができます。このように、日本語学習と現場での実習は分離させることなく、一体的に進めていくことが大切です。

資料

第2章：技能実習生への技能移転の要点

第1号技能実習生の実習期間は最長1年間です。技能実習を効果的に進めていくために、事業所・施設が取り組むべきポイントを入国前（受入れ準備）、入国後講習中、受入れ開始時（1〜2週間）、実習期間中、第1号技能実習修了前の5つの段階に区分して整理しました。

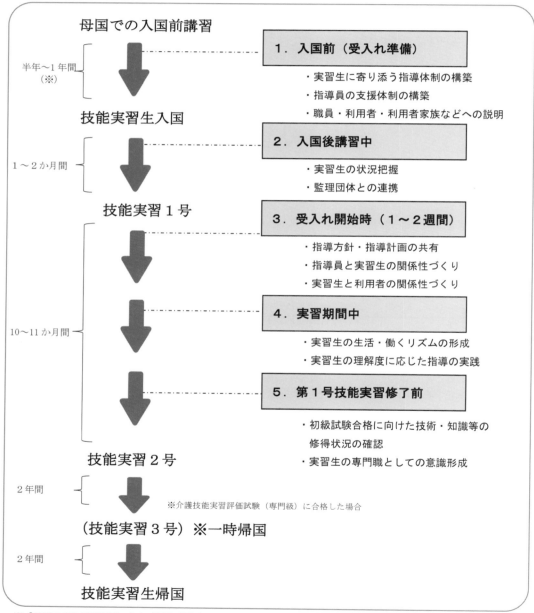

※「母国での入国前講習」から「技能実習生入国」までの期間を「半年〜1年間」としていますが、実際の期間は送出機関と監理団体の調整状況や実習実施者の受入れ準備状況等により変わります。あくまでも目安として記載したものです。

1．入国前（受入れ準備）

実習生の入国前は、受入れ事業所・施設における指導体制を整えるための準備期間です。実習生が母国で日本語や介護技術を学び、実習に向けた準備を進めているのと同様、事業所・施設は実習生が安心して実習に取り組むことができるよう指導体制を整え、また、職員や利用者などの不安を解消するため、実習生を受け入れることやその意義を説明するなど受入れの準備を進めます。

（1）実習生に寄り添う指導体制の構築

① 指導員の配置の考え方

➤ 実習生は技能実習指導員の指示のもと業務を行う必要がありますが、休暇やシフトの関係で、一人の指導員が常に実習生と行動を共にすることが難しい場合があります。このため、実習生の指導体制に支障が出ないよう指導員を複数人配置するなどの環境配慮が必要です。

➤ 同じ業務内容にも関わらず指導員によって指示の内容が異なる、また、指導員が技能実習計画に沿ってどこまで指導をしたか他の指導員が把握していないということがないよう、指導員同士の間であらかじめ指示の仕方を共有し、指導の進捗状況を共有する仕組みを検討しておく必要があります。

> 【令和元年度社会福祉推進事業で実施したアンケート結果：責任者票】
> ・事業所・施設に勤務する常勤介護職員数は「10～19人」が28.0%ともっとも多く、続いて「10人未満」が21.5%、「20～29人」が21.1%であった。受け入れることのできる実習生の数は常勤介護職員数に因ることから、約7～8割の事業所・施設が「1～3」人の実習生を受け入れていることになる。
> ・指導員の配置人数は「1人」と回答した者が44.49%であるが、「3人以上」と回答した者も35.5%あった。1事業所・施設あたりの平均指導員数は約3人であった。

② 指導員以外の指導に関わる職員の配置・連携の考え方

➤ 実習生の指導を特定の指導員のみに任せることは、指導員への過度な負担を押し付けてしまうことになりかねません。また、指導員に過度な負担がかかる状況が続けば、実習生への指導にも支障が生じる可能性があります。そのため、指導員以外に指導をサポートする職員を配置するなど、実習生への指導体制を充実することが求められます。

➤ 「指導員が実習生に指導した内容は指導に関わる職員と共有する」、「指導員以外の職員が実習生に指導した場合、指導員はその指導内容について報告を受ける」など、指導内容を指導員が進捗管理できる体制を整えることが必要です。また、実習生からの質問の窓口は指導員に一本化することで、回答にブレがなくなり、実習生も聞く相手が明確なため質問をしやすくなります。

③ 指導員の選定の考え方

➢ 指導にあたっては、固有要件以外に選定基準を設ける必要がないか確認します。（固有要件は第1章を参照）管理職が自ら指導員となることで指導体制の統制を図りやすくすることも考えられますが、一方、日本人介護職への指導にあたってきた経験豊富な職員を指導員に選任するケースもあります。また、実習生がわからないことをその場ですぐに確認し、質問することができるようにするために、相談しやすい職員を指導員に選任するケースもあります。

➢ 日本と実習生の母国とでは、年齢や性別に関係して人間関係や組織との関わりについての考え方が異なる場合があります。例えば、家父長制や年輩を敬う文化を背景にもつ実習生には、自分よりも年少者から指導を受けることを快く思うことができない状況が起こり得るかもしれません。このため、実習生の母国の文化、宗教、慣習などについて知っておくことが大切です。実習生との面談時に、職場環境や指導体制を説明する際には、実習生に一方的に理解を求めるのではなく、実習生がおかれた状況を考慮した環境や体制を検討することも必要です。

➢ 指導員は、専門的な介護技術を有していることのほか、人柄、雰囲気、わかりやすく話すことができるコミュニケーション能力なども踏まえながら選定することが大切です。指導員は実習生にとって一番身近にいる存在であり、実習生が言動を模倣することもありますので、言葉遣いにも注意が必要です。

【令和元年度社会福祉推進事業で実施したアンケート結果：責任者票・指導員票】
・責任者が指導員の選定基準としているものは、「実務経験年数（79.9％）」「保有資格（51.4％）」「役職（50.4％）」の順番であった。「性別」と回答している者も13.7％あった。※複数回答
・指導員の経験年数は「15年以上」が39.7％ともっとも多く、10年以上で全体の80.0％を超える。また、90.7％が「介護福祉士」を保有しており、「管理職・リーダー」が指導員となる場合が80.1％であった。

（2）指導員の支援体制の構築

① 指導員の育成の考え方

➢ 指導員は、技能実習制度の趣旨をはじめ、実習生のことや実習生の母国の文化などをよく理解したうえで、指導にあたらなければなりません。指導員の育成にあたってはこれらの視点をしっかり身につけてもらう必要があります。事業所・施設内で指導員を育成するほか、「技能実習指導員講習」、「介護プロフェッショナル・キャリア段位制度のアセッサー講習」、「試験評価者養成講習」など外部の講習を積極的に利用することで、専門的かつ標準的な知識を身につけ、指導員としての一層のスキル向上を図ることもできます。

【令和元年度社会福祉推進事業で実施したアンケート結果：指導員票】
・「技能実習指導員講習」の受講者は59.3％、「介護プロフェッショナル・キャリア段位制度のアセッサー」は13.5％であった。※複数回答

---

② 指導員のモチベーション維持方法（メンタルケア含む）

➢ 指導員は、実習生の指導を行いながら他の職員の指導や別の業務を担うケースが多いと思われます。このため、指導員が実習生の指導にあたって様々な悩みを一人で抱え込まないよう配慮しなければなりません。例えば、トラブルが起きたときや指導の進捗がうまくいかないときの対応を相談する場、指導に関する情報を実習生に関わる職員と共有する場を作ることが考えられます。指導員が実習生の指導に積極的に関われるよう、事業所・施設において、指導員の悩みを解消できる場をつくることが必要です。

【令和元年度社会福祉推進事業で実施したアンケート結果：責任者票・指導員票】
・指導員に対して役割に対する不安を確認したところ、「全く不安はない」と回答した者は 4.2％であり、「少し不安がある」「大いに不安がある」を回答した者は 64.6％であった。一方で、責任者に対して役割に対する不安を確認したところ、「少し不安がある」「大いに不安がある」は 42.2％であり、責任者と指導員では不安感に差が出る結果となった。
・責任者に対して、実習生受入れにあたって準備したことを確認したところ「指導員のフォロー体制」と回答した者は 46.2％あり、約半数の責任者が指導員へのフォロー体制を重要性と感じていることがわかる。また、指導員に対して不安解消のための支援として望んでいることとして、人員体制のほか、「指導員向けの相談体制の整備（36.7％）」「指導に対して相談できる相手（32.0％）」といった相談体制に関する希望がみられた。
※複数回答

---

③ 指導の根拠の標準化

➢ 複数の職員で実習生を指導する場合、同じ介護場面にも関わらず各職員によって指導内容や説明にばらつきがあると、実習生は混乱してしまいます。こうした状況が続けば、実習生の技能修得に支障を来すことになります。このため、指導員をはじめ複数の職員で実習生に指導を行う体制を整えている場合は、指導の根拠を明確にしたうえで、指導内容や指導方法について一定のルールを決めておくことが必要です。移転すべき技能を確認した上、介護手順やテキスト・動画などの教材の統一を図り、指導に関わる関係者間で情報を共有することが有効です。

➢ 事業所内にある物品や、医師、看護師、介護支援専門員（ケアマネジャー）などの職種名の用語も統一することで、実習生の混乱を回避することができます。

【令和元年度社会福祉推進事業で実施したアンケート結果：責任者票】
・実習生の受け入れにあたって見直したものがあるかについては、「はい」が 54.0％と半数以上が見直しを行っており、内容は「使用する用語の統一（略語、隠語等）」が 49.0％、「技術マニュアル等の整備」が 48.4％であった。

資料

（3）職員・利用者・利用者家族などへの説明

① 職員への周知と理解

➤ 外国人である実習生と一緒に働くことについて、職員の多くは漠然とした不安を抱え、特に円滑にコミュニケーションを取ることができるどうかについて不安の声が聞かれます。実習生を受け入れる前に、あらかじめ職員の不安を取り除き、技能実習に対する理解や職員全員で実習生をサポートするという意識を醸成させておくことは、その後の受入れをスムーズにします。このため、技能実習制度、実習生、実習生の母国の文化などについて、できる限り全ての職員を対象に事業所・施設内で説明会を開催するなどの取組を行うことが非常に重要です。また、職員向けの説明会は、職員の理解度に応じて複数回開催することも有効です。

➤ なお、外国人介護職員の受入れについては、EPA（経済連携協定）、在留資格「介護」、特定技能など、技能実習以外にも様々な制度が存在しています。制度別の受入れの意義・目的を明確にし、技能実習制度の趣旨・目的を正しく理解してもらうことが必要です。

> 【令和元年度社会福祉推進事業で実施したアンケート結果：責任者票】
> ・職員に対して実習生の受入れを相談したかについては、「職員全員を対象に合同の説明会等を開催し説明した」が65.5%、「職員全体を対象に個別に説明した」が8.8%であり、70%以上が事業所・施設全体に周知していることがわかった。
> ・説明会の開催回数は「2回から3回」が61.9%ともっとも多く、「4回以上」開催しているところも13.6%あった。
> ・説明の内容は、「実習生を受入れる目的や意義について（91.5%）」「技能実習制度について（80.8%）」「実習生について（75.2%）」が続き、その他「事業所としての受入れ体制について（69.2%）」「コミュニケーションの取り方や指示の出し方について（68.4%）」があがった。　※複数回答

② 利用者・利用者家族への周知と理解

➤ これまで外国人を受け入れた経験のない事業所では、実習生の受入れに対し不安を感じる利用者やその家族がいることがあります。このような場合、何も説明がないまま実習生を受け入れることは、利用者や利用者の家族に不信感を募らせてしまうこともあります。このため、実習生の受入れ前に、利用者や利用者の家族を対象にした説明会の開催や文書の配布により、技能実習の意義や目的を伝えて、疑問に答えていくなど必要な対応をとることも考えられます。

> 【令和元年度社会福祉推進事業で実施したアンケート結果：責任者票】
> ・利用者・家族に対しての説明は「文書を配布・送付した」が35.9%ともっとも多かったものの、一方で「特に説明していない」も31.5%あった。「特に説明していない」事業所・施設に関しては、日頃からダイバーシティなどをスローガンとして掲げている、外国人介護職員がすでに多く働いていることなどから実習生に特化した説明の必要がない場合も含まれる。

10

③　実習生を生活者として受け入れるための視点

➢　技能実習を円滑に進めていくためには、実習生を生活者として受け入れるための視点を持つことが重要です。実習生が日本での生活をスムーズに始められるよう、実習生が生活する地域の方々や、普段から事業所と関わりのある方々などに実習生の受入れについて説明することも必要な場合があります。地域住民が実習生について理解を深めていくことは、実習生との間で生活面におけるトラブルを回避することにつながり、また、地域で実習生を見守るなどの協力を得られることもあります。

➢　実習生が事業所に配属された後は、日本の文化や生活に慣れ親しみ、地域住民との交流を深めていくために、地域の清掃活動やお祭りなどのイベントに一緒に参加することも大切な取組であると考えられます。監理団体が積極的に取り組んでいることもあるため適宜情報交換を行うことも必要です。監理団体や入国後講習の場所が遠方にある場合は、事業所・施設がその役割を担うことになります。

➢　実習生が日本の文化や生活に慣れ親しむだけでなく、地域住民に実習生の母国の文化などを知ってもらう方法もあります。事業所・施設のバザーやイベントで、実習生が母国の食事や衣装などを披露することで、地域住民に実習生のことをより深く知ってもらうことができます。

> 【令和元年度社会福祉推進事業で実施したアンケート結果：責任者票】
> ・地域住民に対しての説明は、「特に説明していない」が64.4%と多く、口頭や文書など何らかの説明を行ったと回答した者は25.1%であった。

資料

２．入国後講習中

入国後講習中は、事業所と実習生の間に雇用関係はなく、実習生は事業所に配属されていません。しかし、この期間中は、入国直後の実習生とコミュニケーションを図る大切な時期となります。入国後講習を実施する監理団体と十分連携を図りながら、実習生との関係性を深めていくことが重要です。

（１）実習生の状況把握

① 実習生の人物理解

➢ 実習生の受入れにあたり、実習生の母国（出身地）、家族構成、文化的背景（宗教観）などを事前に把握することは、実習生を知る第一歩となります。同じ国でも出身地が異なれば文化や価値観が異なることがあります。また、宗教についても禁忌とされているものの捉え方が個人によって異なることもあるため、あらかじめ確認することで、これらに起因するトラブルを回避できます。また、実習生の行動などを理解する際、文化的背景を知ることで、適切なフィードバックに結び付きやすくなります。

➢ 実習生の受入れ前から顔を合わせることや連絡をとることで、お互いに安心感や信頼感が生まれ、入職前後の実習生の不安感やストレスを軽減することが期待できます。

② 実習生の介護の知識・技術の理解

➢ 実習生の母国での仕事内容（前職要件）や学習状況を確認することは、実習生の介護の知識・技術レベルを確認する上で参考になりますが、一方で、母国の介護や看護の概念は日本と異なることがあるため注意が必要です。入国前講習や入国後講習の内容を確認（※監理団体との連携を参照）することも有効です。

> 【令和元年度社会福祉推進事業で実施したアンケート結果：指導員票】
> ・指導員のうち「実習生の母国の文化や宗教等、指導上配慮が必要な点や留意事項を確認している（56.1％）」や「実習生の職歴や介護に関する知識の程度を確認している（53.2％）」は半数以上が回答している。「入国後講習を聴講し、実習生の学習内容を把握している（16.2％）」や「実習生が使用している教材を確認している（31.8％）」の回答は半数に満たない状況であり、指導員が実習生の実際の学習内容を十分に把握することが課題であると考えられる。

③ 実習生の日本語能力の理解

➢ 実習生は日本語能力試験のＮ４レベル以上の日本語能力を有すると認められた者が入国することから、日常生活に必要な日本語の理解はあるものの、その到達能力には個人差があります。しかしながら、実習生は原則、第１号技能実習修了時にはＮ３程度に到達する必要がありま

す。あらかじめ日本語能力を確認することで、受け入れた後の日本語学習支援について検討することができます。介護は利用者とのコミュニケーションを通して技術を修得していくことになるため、介護の技能修得とあわせて日本語の修得を考えて、実習を進めていく必要があります。

➢ 実習生によっては、第1号技能実習の期間中に「介護技能実習評価試験」と「日本語能力試験等」の2つの試験を受けることになります。介護技能実習評価試験は実務経験6か月経過後（入国後講習は含まない）に受検することができるため、第1号技能実習修了時まで期間に幅があります。一方、日本語能力試験などは日程が決まっていることから、2つの試験をどの時期に受けるのか予めスケジュールをたてて、実習を進めていくことが必要となります。

【令和元年度社会福祉推進事業で実施したアンケート結果：責任者票】
・実習生の日本語能力レベルについては、技能修得にあたって課題と感じている事業所・施設が多く、「ほとんど課題はない」「全く課題ではない」と回答した責任者は16.9%であった。課題を感じている事業所等に比べ課題を感じていないと回答した事業所等が、配属時の実習生の日本語能力が高い傾向がみられた。
・日本語学習を指導する者の配置は制度上義務づけられていないが、事業所・施設において日本語学習指導者を配置していると回答した割合は、15.4%であった（無回答も0人とみなして集計）。また、指導員が独自で日本語を教えている、自治体や地域の日本語教室に実習生が自主的に参加している例もみられる。

（2）監理団体との連携

① 入国後講習の内容把握

➢ 入国後講習でどのようなことを学んでいるのか講習内容の確認や使用しているテキストを把握しておくと、指導の方針や技能実習計画に沿ったプログラムやチェックリストの組み立てがより明確になります。事業所・施設への配属前に最低限実習生に修得してほしい知識や技術を監理団体と擦り合わせることが望まれます。特に、事業所内で介護手順や事業所内にある物品、職種名などを統一している場合は、入国後講習中から慣れ親しんでもらうと、配属後の実習がスムーズとなります。

➢ 入国後講習の開講場所が実習実施者から近い場合は、実習生の様子や教育内容を実際に目で見るため、見学するとよいです。指導員は、実習生の状況を把握することができるだけでなく、日本語教師による実習生への日本の文化やルールの説明方法、わかりやすい日本語での伝え方なども知ることができ、参考となります。

➢ 遠方の場合であっても、開講式や閉講式に参加する、実習生を迎えにいくなど、入国後講習期間に実習生と関わることができないか確認するとよいです。実習生を迎えに行き、移動時間を共にすることで、実習生との関係性を深めることができたというケースもあります。

② 監理団体担当者との連携

➤ 実習実施者と監理団体の担当者、実習生がどちらに相談しても対応できるよう情報共有の体制を作ることが求められます。実習生も含め実習実施者、監理団体の担当者にて顔合わせを行い、今後の役割分担を確認することでより良い実習の素地を築くことができます。

➤ 監理団体によっては、技能実習を進めるうえで起こりがちなトラブルなど豊富な知見を有しています。事前に情報を収集することで、リスクの回避を図ることができます。

➤ 実習生がこれから働く事業所・施設の様子や雰囲気を把握することで実習に入りやすくなるため、配属前に実習実施者の見学や説明などを行うことも有効です。入国後講習期間中に、会いに行くことが難しい場合は、コミュニケーションアプリなどで連絡をとる手段もあります。実習生がスマートフォンなどを持っていない場合は、監理団体側に連絡手段がないか確認するとよいです。

３．受入れ開始時（１～２週間）

受入れ開始時は、実習生、指導員だけでなく、他の職員や利用者なども不安が大きい時期です。関係者全員がしっかりとコミュニケーションをとりながら徐々に不安を軽減していくようにします。

（１）指導方針・指導計画の共有

① 関係職員への説明と共有

➢ 実習は技能実習計画に沿って実施されますが、実習現場は通常の業務の中で行われるため、事業所内の様々な職員の協力が必要です。技能実習計画を実際の実務に沿って、細かなプログラムを作成し、日々の実習の進捗状況を管理する仕組みを設けて、関係職員間で共有できるようにしておくとよいです。

➢ 入国後講習中に得た実習生の情報をもとに、技能実習計画を進めるうえでの注意点や、特に指導が必要と感じた部分は、改めて事業所・施設内の関係職員間で共有することで、より良い実習環境を整えることができます。

➢ 事業所・施設は、主務省令にて「技能実習に従事させた業務及び技能実習生に対する指導の内容を記録した日誌（技能実習日誌）」を作成し、備えることが求められています。この技能実習日誌は様式が示されていますが、日誌のみでは技能の移転ができているか確認が難しいことから、技能実習計画に沿ったプログラムやチェックリストなどを作成することも必要になります。介護職種の技能実習指導員講習にて例示が示されています。また、こうした技能実習の進捗管理については、監理団体とも共有しておくことが望ましいです。

> 【令和元年度社会福祉推進事業で実施したアンケート結果：責任者票】
> ・実習生の個々の実習計画に関して、「全ての職員が把握している（8.7%）」「責任者・指導員に加え一部職員が把握している（62.0%）」と回答しているものの、「責任者のみが把握している」は4.5%あり、また「責任者と指導員のみが把握している」も24.7%とある。

② 実習生への説明と共有

➢ 技能実習計画、実習計画に沿ったプログラムやチェックリストなどは、必ず実習生に説明を行います。定められた目標レベルを踏まえ、実習生に実習の全体像を把握してもらい、いつまでに何を修得するのか理解してもらうことで、実習への心構えを作ることができます。

（2）指導員と実習生の関係性づくり

① 個別の関わりの工夫

➤ 海外から日本に来た実習生は、新しい生活環境の中でストレスや孤立の不安を抱えやすくなります。実習生がストレスを強く感じる環境にいる場合、介護現場においては利用者へのサービスにも影響する可能性があります。実習生が些細なことも気軽に相談できるような雰囲気づくりを最初の段階に心がけることが大切です。

➤ この時期は特に、指導員は、昼食を共にする、面談を毎日実施するするなど、コミュニケーションの場を積極的に設けるようにすると実習生との信頼関係が築きやすくなります。また、実習生にとっては、その場では言いづらいことや表現がうまくできないこともあるため、交換日記などの文面を通してコミュニケーションをとることが有効な場合もあります。文章を書くことで、日本語が上達したという話も聞かれます。

➤ 指導員と生活指導員が異なる場合、実習生は仕事のことを指導員に話し、生活のことを生活指導員に、別々に話すことがあります。役割分担を明確にすることも大切ですが、実習生が必要に応じて気軽に話せる環境を作ることも大切です。指導員は仕事以外のことでも話がしやすい雰囲気を作るよう心がける必要があります。また、実習生が性別や年齢特有の悩みなど相談しづらい問題を抱えることもあります。その際には、無理に聞き出すようなことはせず、同性や年齢の近い職員などに加わってももらうなど配慮することが望まれます。

② 実習生や関係職員も含めたグループでの関わりの工夫

➤ 職場の同僚に職員や同期の実習生がいる場合は、皆のコミュニケーションが円滑に進むよう気を留めることが大切です。事業所やチームとしての歓迎会や食事会のほかに、海外では日本に比べてチャットアプリが盛んなため、グループチャットを行うことが実習生と関係職員の繋がりを深める手段として有効と考えられます。

➤ 配属時期や出身国が異なる実習生がいる場合、事業所やチームとしてイベントなどを企画する際には、それぞれの実習生への関わり方に差が出ないよう注意が必要です。

（3）実習生と利用者の関係性づくり

① 業務上の工夫

➢ 入居施設など利用者の人数が多い場合やショートステイなど利用者が短期間で入れ替わる場合は、実習生は利用者の名前を覚えることが難しくなります。職員同士で使用する記録などには、利用者名にルビをふり、特徴を記載するなど覚え易くする工夫をしているケースもあります。

➢ 利用者の言葉が方言や言語障害などにより聞き取りづらい場合があります。特に、最初のうちは意思の疎通がうまくできない状態が続くと思われますので、実習生、利用者ともにストレスを感じる場合があるかもしれません。指導員は、実習生と利用者の会話をサポートすることが必要です。

➢ 実習開始当初は実習生と利用者が十分コミュニケーションを図ることができるよう業務内容を検討することも必要です。例えば、利用者と触れ合う機会の長い介護行為や、体調の確認、介助の説明を中心に行ってもらうなどが考えられます。なお、実習生が特定の利用者と関わることをストレスに感じたり、利用者から反発を受けたりした際に、精神的に落ち込んでしまわないよう常に気に掛けることが大切です。

➢ レクリエーションは利用者とのコミュニケーションをとる手段として有効な場合も多いですが、日本語でのやりとりが難しく苦手と感じる実習生もいます。指導員は個々の実習生の様子を観察しながら、レクリエーションメニューの中でその実習生が行いやすい役割を与えるなど配慮が望まれます。

➢ 実習生が認知症ケアやターミナルケアを必要とする利用者に関わる機会もあります。これらの専門的な知識や技術は第1号技能実習の修得範囲ではありませんが、利用者と関わるうえで状態像を把握することは大切です。指導員は利用者の症状や適切な対応方法について実習生に伝えることが必要です。

> 【令和元年度社会福祉推進事業で実施したアンケート結果：指導員票】
> ・介護行為を指導する際の方針として、「要介護度や性格等を考慮し、比較的介助をしやすい利用者から指導している」と回答した指導員は58.6%であった。また、個別の利用者だけでなく、事業所・施設内での配属するフロアや病棟も比較的介助しやすい利用者の多いところで実習を行うケースがある。　※複数回答

① コミュニケーション時の配慮

➢ 実習生と利用者の関係性を作る際に、双方がうまく関わりを持つことができるよう、指導員は注意する必要があります。特に介護行為を行うときは、利用者の特性も考慮したうえで、

17

最初から実習生が関わっても問題ないか、お互い信頼関係を構築してから関わったほうがよいのか、その時期についても十分考慮する必要があります。介護の現場においては、技能の未熟や間違いがあると、それが利用者の命を危険にさらすことに繋がってしまいます。このため、指導員は実習生と利用者のコミュニケーションを適宜確認し、場合によっては指導員も一緒に会話に加わることで信頼関係を築く配慮も必要です。

【令和元年度社会福祉推進事業で実施したアンケート結果：指導員票】
・介護行為を指導する際の事前の説明・状態等については、指導員の91.4%が「介護する利用者について情報を説明している」と回答し、「介護する利用者について、記録や申し送り内容等を実習生と一緒に確認している（70.7%）」「実習生が利用者とのコミュニケーションをとる際に、指導員も加わり会話をサポートしている（74.2%）」も多くが取り組んでいる結果となった。　※複数回答

４．実習期間中

実習期間中は、実習生が技能を修得する大切な期間です。指導員は実習生の理解度を日々確認しながら実習を進めていくとともに、実習生が実習に集中できるよう生活面にも気を配る必要があります。また、実習生が日本語能力試験Ｎ４程度で配属した場合は、Ｎ３程度の合格が必要となることから、日本語面でも気を配る必要があります。

（１）実習生の生活・働くリズムの形成

① 実習生同士の関係性の把握

➤ 実習生が複数いる場合、同じ居住空間で生活していることが多いです。同じ国から来たとしても、もともと友人同士ではないことや、生活習慣や価値観の違いから関係性が変わることがあります。個別に実習生と面談し、悩んでいることを聞き出すことで、関係の悪化を防ぎ、実習に集中できる環境を整えます。一方で、実習生同士の仲がよい場合は、シフトを調整することにより、休日に一緒に過ごす時間をつくる配慮を行っているケースもあります。

➤ 当人たちが言いづらいことは生活指導員にも支援してもらうなど、居住空間内で工夫できることはできるだけ対応することも大切です。

➤ 実習生が複数いる場合は、実習生間での母国語の会話が多くなります。プライベートで母国語を話すことは問題ありませんが、業務中は実習生同士の会話もできるだけ日本語で話すよう指導することも必要です。利用者や利用者家族の前で、母国語で会話すると、利用者や家族はどのようなことを話しているのか不安になります。また、指導員にとっては実習生が抱える様々な課題を把握しづらくなります。

➤ 実習生が１人だけの場合、実習生同士のトラブルはなくとも、仲間がいないことで孤独を感じる可能性がありますので、特に気にかける必要があります。

> 【令和元年度社会福祉推進事業で実施したアンケート結果：責任者票】
> ・事業所・施設に配属されている実習生の人数は、「２人」が40.9％ともっとも多く、続いて「１人」が26.2％、「３人」が15.8％と、平均すると１事業所あたり2.4人受け入れている。

② 実習生のモチベーション維持方法（メンタルケアも含む）

➤ 日本に来てから時間が経過すると、ホームシックにかかる実習生が多いです。悩みを一人で抱え込むことがないよう、この時期は特に気にかける必要があります。

19

> 多くの実習生は「大丈夫ですか?」と聞くと「大丈夫」と答えることが多いと言われています。例えば、家族や友人と連絡はとれているか、生活で困っていることはないか、体調は良いかなど、具体的に考えられることを聞いてみることも必要です。こうした傾聴を行うことで、指導員は実習生の悩みや不安を理解しやすくなるだけでなく、実習生に寄り添っていることを伝えることができ、実習生の孤立を防ぐことができます。

> 実習生が、年代が近い日本人職員に相談していることもあるため、実習生から相談を受けた場合には、指導員が把握できるような仕組みを作ることが大切です。

> 実習生が仕事を楽しく思えるよう、身近な目標や到達点を設定することも効果が期待できます。また、指導上できたことや得意なことなどは積極的に褒めることもモチベーションアップにつながります。

③　監理団体との情報共有・役割分担

> 定期的な面談など実習生の悩みを相談する場を設けることが求められます。実習生が職場で言えないことを監理団体に相談しているといった声も少なくありません。監理団体と事業所・施設の情報共有を密に行うことや、実習生の普段の表情などを細かく観察し、実習生の生活支援を行うことも必要です。

> 実習生が病気やケガをしたときの対応についても事前に相談しておくとよいです。外国人患者の受入れ体制が整っていない医療機関の場合は、実習生は問診票の記入や症状の説明など1人で行うことが難しく、指導員が付き添うことも想定されます。特に、常勤の医師やグループ法人内の病院で診察を受けることが難しい実習実施者は、近隣の医療機関を確認しておく、よくある症状の母国語と日本語を用意しておくなど準備をすると、突然の対応にも慌てなくてすみます。

（2）実習生の理解度に応じた指導の実践

①　指導員の適切な指示の考え方

> 実習生は指導員の指示のもと業務を行うことになります。そのため、指導員は実習生にわかりやすく伝え、それが理解されているか常に確認をとることが大切です。「介護職種の技能実習指導員講習」では、わかりやすい日本語の伝え方のポイントも学習するため、参考にするとよいです。

> 特に介護の指導においては、まずは指導員が行うのを見てもらい、その後一緒に行い、最後

20

に一人で行ってもらうなど、実習生の理解度にあわせて段階を踏んだ指導を行います。その際に、実習生の理解度を確認します。

➤ 複数の指導員がいる場合などは、実習生ができなかったことに対して指導員がどのような指示を出したのか、指導員間で確認することも有効です。その指示が適切だったのか、言い方を工夫することができるのかなど確認することができ、指示の改善に繋がります。

➤ 実習生は「わかりましたか」と確認すると「わかりました」と答えることが多いようです。表情などから、まだ理解していないと思われるときは、指示した内容を復唱してもらう、別の職員に伝達してもらうなどして、実習生の理解を確認することが必要です。実習生にはわからないまま行うことの危険を理解してもらうことが大切ですが、わからない状態が続く場合は、指導員の指示は適切か検証する必要があります。

➤ 指導上、注意をする際には、全員に対して行う内容なのか、個別に行う内容なのか十分に考慮したうえで対応することが必要です。人前で怒ることは実習生の自尊心を傷つけるだけでなく、指導員自身が感情をコントロールできない人として評価をされてしまうことがあります。

> 【令和元年度社会福祉推進事業で実施したアンケート結果：指導員票】
> ・指導員が伝えた内容に対する実習生の理解度に疑問をもったことがあるかについて、「ない」「ほとんどない」は9.4%に過ぎず、「時々ある（68.6%）」「よくある（22.0%）」が90.0%を超えた。
> ・理解度の確認方法としてもっとも多かったのが「伝えたことを実習生にその場で復唱してもらう（58.8%）」であり、「時間をおいてから、再度本人に確認する（57.2&）」「必ずメモをとってもらう（35.0%）」が続いた。
> ・自由回答では、「実習生に今日行ったこと、指導を受けたことを記録・提出してもらう」という回答も複数あり、口頭の確認だけではなく、文字で確認を行っているところもあった。

② 報告・連絡・相談の徹底

➤ 報告・連絡・相談（ホウレンソウ）は重要なことですが、日本語での伝達がまだうまくできない実習生にとっては簡単なことではありません。そのため、「怒られてしまうのではないか」、「できないと思われるのではないか」と、ホウレンソウを怠ってしまうことがあります。

➤ 指導員はただ注意をしたり伝えたりするのではなく、最初のうちは指導員のほうからホウレンソウを促す配慮が必要です。また、職員全体がホウレンソウを行っていれば、実習生もそれをあたりまえだと思うため、指導員自身も実習生にホウレンソウを行うなどして、まずは行って見せるということが有効な場合もあります。

③　評価とフィードバックの反復

➢ 指導員は、技能実習日誌に日々行った指導内容を記していくことになりますが、日誌に日々行った指導内容などを実習生が修得しているかどうか、定期的に確認する必要があります。そのためには、何をもってできたとするかといった評価の基準を指導員間、実習実施者内で共有しておくことが必要となります。

➢ こうした標準化された基準をもとに評価することで、指導員は実習生の修得度合いを把握することができ、実習生も自分の知識・技術を確認することができます。また、実習生に自己評価をしてもらい、その内容が客観的に見てもできているか他者評価をすることも有効です。できることとできないことを可視化（見える化）することにより、指導の効率も図ることができます。

➢ 評価基準は、介護技術の細かい出来具合や質を問う内容として整理するところもありますが、「できた」「できない」や「○」「×」といった基本を押さえた整理も有効です。大切なことは、評価した内容を実習生にフィードバックするために指導員が自身の評価や基準の考え方について説明できることです。評価基準がない場合は、技能実習計画を細分化する、介護技能実習評価試験の評価項目と評価基準を参考とするなど、すでにあるものを活用することもできます。

> 【令和元年度社会福祉推進事業で実施したアンケート結果：指導員票】
> ・実習生の評価の基準を設けているところは 45.2%であり、評価基準がないまま指導をしている事業所・施設が半数以上あることがわかった。評価基準を設けているところでもっとも多かった内容は「事業所独自で作成した基準で評価（52.1%）」であり、続いて「実習計画をもとに達成状況を評価（31.4%）」「介護技能実習評価試験の評価項目・評価基準を使用して評価（27.1%）」であった。　※複数回答

④　日本語能力の確認

➢ 実習生は、介護固有要件にて、第 2 号技能実習時には「日本語能力試験の N 3 に合格している者その他これと同等以上の能力を有すると認められる者であること」とされています。N 4 程度で配属された実習生は N 3 に合格することが求められます。指導員は介護の技能を指導する立場となりますが、実習生の日本語能力についても確認が必要です。特に、事業所・施設で日本語学習指導者を配置していない場合は、実習生は独学で日本語を学習しなければなりません。実習生の学習状況や修得状況を気にかけ、状況が芳しくない場合は監理団体や責任者などと相談し、日本語学習指導を行うことも必要になる場合があります。

５．第１号技能実習修了前

第１号実習修了前は、これまでの実習が第１号技能実習で求められる目標レベルに到達したことを確認するため、初級試験を受検する時期です。これまで修得した技能の振り返りをしっかり行うとともに、次の第２号技能実習に向けた意識形成をする時期とします。

（１）初級試験合格に向けた知識・技術等の修得状況の確認

① 実習生の知識・技術の再確認

➢ 日頃から、技能の修得度合いの確認は必要ですが、試験前には改めて、その知識や技術等振り返りも兼ねて確認を行います。試験課題や評価項目は公表されているので、実習生がそれらの内容を理解し、一連の介助を行うことができるか確認します。指導員の指示のもと実習生が行う介護（試験課題）を他の指導員や責任者などに客観的に判断してもらうことも有効です。

② 実習生に自信を持たせる工夫

➢ 実習生は技能が身についていても、「試験」というだけで緊張しています。不合格になった場合は帰国しなければいけないため、大きなプレッシャーを感じている人もいます。指導員は、試験までの間、実習生の良いところを積極的に褒め、実習生の不安に寄り添うことが大切です。

➢ 初級の実技試験は指導員と実習生の二人三脚です。試験においても指導員の指示のもと介護を行いますので、指導員自身が試験の内容を理解し、「私の指示のもと行うのだから大丈夫」と自信をもって伝えることも実習生の不安を解消することに繋がる可能性があります。

【令和元年度社会福祉推進事業で実施したアンケート結果：指導員票】
・指導員としての役割に「少し不安がある（56.6%）」「大いに不安がある（8.0%）」と回答した者のうち、不安を感じる理由としてもっとも多いのが「実習生が各号の試験に合格できるか不安がある（57.0%）」であった。次に、「実習生が求められる技能を修得できるか不安がある（51.0%）」が続く。試験は日頃の指導の延長であり技能の修得を確認するものであるが、試験の合否が実習生の将来を左右することから、指導員が責任を感じていることがうかがえる。

（２）実習生の専門職としての意識形成

①　第１号技能実習の振り返り

➢　介護技能実習評価試験が終了し、合格した後は、指導員、実習生ともに安心している期間です。第２号技能実習修了時には「自ら利用者の状態に応じた介護を一定程度実践できるレベル」が求められることから、指導員は実習生がそのレベルに達することができるよう、第１号技能実習の間に、これまで修得した内容を振り返り、できているところ、まだ経験の積み重ねが必要なところを見極めることが大切です。

②　第２号技能実習の目標設定

➢　実習生はその立場上、指導員の指示のもと業務を行うことになりますが、受け身の態勢でいることとは異なります。実習生は母国に技能を持ち帰るために日本へ来ていますので、実習生が自ら考えて行動できるよう、第２号技能実習の目標、それに沿った計画を実習生と話しあうことが大切となります。実習生が受け身の状態の場合は、ケース会議に同席してもらう、事業所内の委員会など何か役割をもってもらうことで実習生の意識を変える効果が期待できます。

➢　実習生の日本語の修得状況によっては、日本語に関しても引き続き学習体制を整える必要があります。また、実習生の中には、介護知識・技術をさらに身につけるため介護福祉士や実務者研修など、日本の介護に関連する資格に合格・取得したいと考える者もいます。指導員は、実習生が技能実習として求められるレベルの先を目指す場合は、第２号技能実習中に取り組まなければいけないことを整理し、実習生と将来について話あう必要があります。

➢　実習生は、１年間の実務の中で基本的な介護知識・技術は身についていると思います。これからは実習生がその基本を応用として活用できるよう、また介護の専門職として業務に臨むことができるよう、意識形成していくことが大切です。２期生を受け入れている事業所・施設では、実習生が先輩となり、次にくる実習生をサポートする姿も見られています。

参考資料

介護職種（審査基準）

業務の定義	○ 身体上または精神上の障害があることにより、日常生活を営むのに支障がある人に対し、入浴や排泄、食事などの身体上の介助やこれに関連する業務をいう。		
	第1号技能実習	第2号技能実習	第3号技能実習
必須業務（移行対象職種・作業で必ず行う業務）	（1）身体介護業務 （これらに関連する、準備から記録・報告までの一連の行為を含む） ①身じたくの介護（1）の3.については、状況に応じて実施 　1）整容の介助 　　1．整容（洗面、整髪等） 　　2．顔の清拭 　　3．口腔ケア 　2）衣服着脱の介助 　　1．衣服の着脱の介助（座位・臥位） ②移動の介護 　1）体位変換 　　1．体位変換 　　2．起居の介助（起き上がり・立位） 　2）移動の介助（2.については、状況に応じて実施） 　　1．歩行の介助 　　2．車いす等への移乗の介助 　　3．車いす等の移動の介助 ③食事の介護 　1）食事の介助 ④入浴・清潔保持の介護（3）については、状況に応じて実施 　1）部分浴の介助 　　1．手浴の介助 　　2．足浴の介助 　2）入浴の介助 　3）身体清拭 ⑤排泄の介護（3）については、状況に応じて実施 　1）トイレ・ポータブルトイレでの排泄介助 　2）おむつ交換 　3）尿器・便器を用いた介助	（1）身体介護業務 （これらに関連する、準備から記録・報告までの一連の行為を含む） ①身じたくの介護（1）の3.については、状況に応じて実施 　1）整容の介助 　　1．整容（洗面、整髪等） 　　2．顔の清拭 　　3．口腔ケア 　2）衣服着脱の介助 　　1．衣服の着脱の介助（座位・臥位） ②移動の介護 　1）体位変換 　　1．体位変換 　　2．起居の介助（起き上がり・立位） 　2）移動の介助 　　1．歩行の介助 　　2．車いす等への移乗の介助 　　3．車いす等の移動の介助 ③食事の介護 　1）食事の介助 ④入浴・清潔保持の介護（3）については、状況に応じて実施 　1）部分浴の介助 　　1．手浴の介助 　　2．足浴の介助 　2）入浴の介助 　3）身体清拭 ⑤排泄の介護（3）については、状況に応じて実施 　1）トイレ・ポータブルトイレでの排泄介助 　2）おむつ交換 　3）尿器・便器を用いた介助	（1）身体介護業務 （これらに関連する、準備から記録・報告までの一連の行為を含む） ①身じたくの介護 　1）整容の介助 　　1．整容（洗面、整髪等） 　　2．顔の清拭 　　3．口腔ケア 　2）衣服着脱の介助 　　1．衣服の着脱の介助（座位・臥位） ②移動の介護 　1）体位変換 　　1．体位変換 　　2．起居の介助（起き上がり・立位） 　2）移動の介助 　　1．歩行の介助 　　2．車いす等への移乗の介助 　　3．車いす等の移動の介助 ③食事の介護 　1）食事の介助 ④入浴・清潔保持の介護 　1）部分浴の介助 　　1．手浴の介助 　　2．足浴の介助 　2）入浴の介助 　3）身体清拭 ⑤排泄の介護（3）については、状況に応じて実施 　1）トイレ・ポータブルトイレでの排泄介助 　2）おむつ交換 　3）尿器・便器を用いた介助 ⑥利用者特性に応じた対応（認知症、障害等） 　1）利用者特性に応じた対応
	（2）安全衛生業務 ①雇入れ時等の安全衛生教育 ②介護職種における疾病・腰痛予防 ③福祉用具の使用方法及び点検業務 ④介護職種における事故防止のための教育 ⑤緊急時・事故発見時の対応		
関連業務、周辺業務（上記必須業務に関連する技能等の修得に係る業務等で該当するものを選択すること。）	（1）関連業務 ①掃除、洗濯、調理業務 　1．利用者の居室やトイレ、事業所内の環境整備 　2．利用者の衣類等の洗濯 　3．利用者の食事にかかる配下膳等 　4．調理業務（ユニット等で利用者と共に行われるもの） 　5．利用者の居室のベッドメイキングやシーツ交換 ②機能訓練の補助やレクリエーション業務 　1．機能訓練の補助や見守り 　2．レクリエーションの実施や見守り ③記録・申し送り 　1．食事や排泄等チェックリスト等による記録・報告 　2．指示を受けた内容に対する報告 　3．日誌やケアプラン等の記録及び確認（必要に応じて）	（2）周辺業務 　1．お知らせなどの掲示物の管理 　2．車いすや歩行器等福祉用具の点検・管理 　3．物品の補充や管理 （3）安全衛生業務（関連業務、周辺業務を行う場合は必ず実施する業務） 　上記※に同じ	
使用する素材（材料）（該当するものを選択すること。）			
使用する機械、設備、器工具等（該当するものを選択すること。）	【機械、設備等】　（必要に応じて使用すること） ・入浴　…　介護用浴槽、入浴用リフト、バスボード、浴槽マット、シャワーチェア、シャワーキャリー、浴槽内椅子等 ・移動　…　スイングアーム介助バー、移動用リフト ・その他　…　特殊寝台、スクリーンやカーテン等 【用具】　（必要に応じて使用すること） ・整容　…　洗面容器、ブラシ、タオル、ガーゼ、歯ブラシ、コップ、ガーグルベースン、スポンジブラシ、舌ブラシ、デンタルフロス、綿棒、歯磨き粉、 　　　　　　マウスウォッシュ等 ・入浴　…　洗面容器、タオル、ガーゼ、スポンジ、石鹸、保湿クリーム、温度計等 ・食事　…　食器一式（皿、スプーン、フォーク、ナイフ、箸、コップ等）、食事用エプロン等 ・排泄　…　ポータブルトイレ、尿器・便器、おむつ（紙製、布製）、タオル、ガーゼ、トイレットペーパー等 ・衣服の着脱　…　衣類（上着類、下着類） ・移動　…　スライディングボード、クッション、体位変換器、車いす（自走、電動含む）、車いす付属品、歩行器、歩行補助杖（T字杖、ロフストランド・クラッチ、 　　　　　　多点杖、松葉杖）等 ・利用者特性に応じた対応　…　義歯、義肢装具、補聴器、コミュニケーションボード、白杖、眼鏡等 ・その他　…　タオルケット、毛布、枕、枕カバー等 　　　　　　　バイタル計測器、マスク、手袋、 　　　　　　　調理用具、掃除用具、レクリエーションにかかる道具、リハビリに関する用具等		
移行対象職種・業務とはならない業務例	1．厨房に入って調理業務のみを行う場合 2．上記の関連業務及び周辺業務のみの場合		

177

介護職種（試験基準）

初　　級	専　　門　　級	上　　級
基本的な業務を遂行するために必要な基礎的な技能及び知識	初級の技能者が通常有すべき一般的な技能及び知識	中級の技能者が通常有すべき一般的な技能及び知識

学科試験	学科試験	学科試験
1 介護業務を支える能力・考え方等に関する知識 　①人間の尊厳と自立支援の理解 　次に掲げる人間の尊厳と自立に関する初歩的な知識を有すること 　　1．人間の尊厳 　　2．自立支援 　②コミュニケーションの理解 　次に掲げるコミュニケーションに関する初歩的な知識を有すること 　　1．コミュニケーションの目的と方法 　　2．コミュニケーション技法 　③社会と生活の理解 　次に掲げる社会と生活に関する初歩的な知識を有すること 　　1．生活とは何か 　　2．社会生活とルール 　④こころとからだのしくみ等の理解 　次に掲げるこころとからだのしくみ等に関する初歩的な知識を有すること 　　1．こころのしくみ 　　2．からだのしくみ 　　3．障害の理解 2 身体介護業務に関する知識 　①身じたくの介護に関する初歩的な知識 　　1．身じたくに関連したこころとからだの基礎知識 　　2．身じたくに関連したこころとからだのしくみ 　　3．機能低下・障害が及ぼす身じたく行動への影響 　②移動の介護に関する初歩的な知識 　　1．移動に関連したこころとからだの基礎知識 　　2．移動に関連したこころとからだのしくみ 　　3．機能低下・障害が及ぼす移動への影響 　③食事の介護に関する初歩的な知識 　　1．食事に関連したこころとからだの基礎知識 　　2．食事に関連したこころとからだのしくみ 　　3．機能低下・障害が及ぼす食事への影響 　④入浴・清潔保持の介護に関する初歩的な知識 　　1．入浴・清潔保持に関連したこころとからだの基礎知識 　　2．入浴・清潔保持に関連したこころとからだのしくみ 　　3．機能低下・障害が及ぼす入浴への影響 　⑤排泄の介護に関する初歩的な知識 　　1．排泄に関連したこころとからだの基礎知識 　　2．排泄に関連したこころとからだのしくみ 　　3．機能低下・障害が及ぼす排泄への影響 3 身体介護以外の支援に関する知識 　①掃除、洗濯、調理などに関する初歩的な知識を有すること 　　1．施設における掃除、洗濯、調理等 　　2．ベッドメーキング・シーツ交換 　　3．利用者の状態に応じた居室環境整備 　②機能訓練の補助、レクリエーションに関する初歩的な知識を有すること 　　1．施設における機能訓練の補助の見守りや補助 　　2．施設におけるレクリエーション等の見守りや補助 　③情報収集に関する初歩的な知識を有すること 　　1．利用者個人個人の認識 　　2．利用者の変化について、必要な情報の収集方法 　④記録・報告に関する初歩的な知識を有すること 　　1．量・頻度等チェックリストによる記録または報告 4 使用する用品等に関する知識 　①施設にある用品に関する初歩的な知識を有すること 　　1．使用する用品（車いす、歩行器等） 　　2．用品の使用方法 　　3．用品の管理方法（福祉用具の手入れ等を除く人） 5 安全衛生業務に関する知識 　身体介護業務に伴う安全衛生及び衛生管理に関し、次に掲げる事項について、詳細な知識を有すること 　①安全衛生 　　1．雇入れ時等の安全衛生教育 　　2．介護職員における疾病・腰痛予防 　　3．福祉用具の使用方法及び点検業務 　　4．介護職員における事故防止のための教育 　　5．緊急時・事故発見時の対応 　②衛生管理 　感染対策について、次に掲げる事項の知識を有すること。 　　1．適切な手洗い 　　2．健康上のリスクへの対応と疾病の予防のために必要な知識と、自己のケア及び感染予防対策	1 介護業務を支える能力・考え方等に関する知識 　①人間の尊厳と自立支援の理解 　次に掲げる人間の尊厳と自立に関する一般的な知識を有すること 　　1．人間の尊厳 　　2．自立支援 　②コミュニケーションの理解 　次に掲げるコミュニケーションに関する一般的な知識を有すること 　　1．コミュニケーションの目的と方法 　　2．コミュニケーション技法 　③社会と生活の理解 　次に掲げる社会と生活に関する基礎的な知識を有すること 　　1．生活とは何か 　　2．社会生活とルール 　④こころとからだのしくみ等の理解 　次に掲げるこころとからだのしくみ等に関する初歩的な知識を有すること 　　1．こころのしくみ 　　2．からだのしくみ 　　3．障害の理解 2 身体介護業務に関する知識 　①身じたくの介護に関する基礎的な知識 　　1．身じたくに関連したこころとからだの基礎知識 　　2．身じたくに関連したこころとからだのしくみ 　　3．機能低下・障害が及ぼす身じたく行動への影響 　②移動の介護に関する基礎的な知識 　　1．移動に関連したこころとからだの基礎知識 　　2．移動に関連したこころとからだのしくみ 　　3．機能低下・障害が及ぼす移動への影響 　③食事の介護に関する基礎的な知識 　　1．食事に関連したこころとからだの基礎知識 　　2．食事に関連したこころとからだのしくみ 　　3．機能低下・障害が及ぼす食事への影響 　④入浴・清潔保持の介護に関する基礎的な知識 　　1．入浴・清潔保持に関連したこころとからだの基礎知識 　　2．入浴・清潔保持に関連したこころとからだのしくみ 　　3．機能低下・障害が及ぼす入浴への影響 　⑤排泄の介護に関する基礎的な知識 　　1．排泄に関連したこころとからだの基礎知識 　　2．排泄に関連したこころとからだのしくみ 　　3．機能低下・障害が及ぼす排泄への影響 3 身体介護以外の支援に関する知識 　①掃除、洗濯、調理などに関する基礎的な知識を有すること 　　1．施設における掃除、洗濯、調理等 　　2．ベッドメーキング・シーツ交換 　　3．利用者の状態に応じた居室環境整備 　②機能訓練の補助、レクリエーションに関する基礎的な知識を有すること 　　1．施設における機能訓練の補助の見守りや補助 　　2．施設におけるレクリエーション等の見守りや補助 　③情報収集に関する基礎的な知識を有すること 　　1．利用者個人個人の認識 　　2．利用者の変化について、必要な情報の収集方法 　④記録・報告に関する基礎的な知識を有すること 　　1．量・頻度等チェックリストによる記録または報告 4 使用する用品等に関する知識 　①施設にある用品に関する基礎的な知識を有すること 　　1．使用する用品（車いす、歩行器等） 　　2．用品の使用方法 　　3．用品の管理方法（福祉用具の手入れ等も含む） 5 安全衛生業務に関する知識 　身体介護業務に伴う安全衛生及び衛生管理に関し、次に掲げる事項について、詳細な知識を有すること 　①安全衛生 　　1．雇入れ時等の安全衛生教育 　　2．介護職員における疾病・腰痛予防 　　3．福祉用具の使用方法及び点検業務 　　4．介護職員における事故防止のための教育 　　5．緊急時・事故発見時の対応 　②衛生管理 　感染対策について、次に掲げる事項の知識を有すること 　　1．適切な手洗い 　　2．健康上のリスクへの対応と疾病の予防のために必要な知識と、自己のケア及び感染予防対策 　　3．感染症予防対策	1 介護業務を支える能力・考え方等に関する知識 　①人間の尊厳と自立支援の理解 　次に掲げる人間の尊厳と自立に関する実践的な知識を有すること 　　1．人間の尊厳 　　2．自立支援 　②コミュニケーションの理解 　次に掲げるコミュニケーションに関する実践的な知識を有すること 　　1．コミュニケーションの目的と方法 　　2．コミュニケーション技法 　③社会と生活の理解 　次に掲げる社会と生活に関する概略の知識を有すること 　　1．生活とは何か 　　2．社会生活とルール 　　3．介護サービス 　④こころとからだのしくみ等の理解 　次に掲げるこころとからだのしくみ等に関する実践的な知識を有すること 　　1．こころのしくみ 　　2．からだのしくみ 　　3．障害の理解 　　4．認知症や障害の理解 2 身体介護業務に関する知識 　①身じたくの介護に関する実践的な知識 　　1．身じたくに関連したこころとからだの基礎知識 　　2．身じたくに関連したこころとからだのしくみ 　　3．機能低下・障害が及ぼす身じたく行動への影響 　②移動の介護に関する実践的な知識 　　1．移動に関連したこころとからだの基礎知識 　　2．移動に関連したこころとからだのしくみ 　　3．機能低下・障害が及ぼす移動への影響 　③食事の介護に関する実践的な知識 　　1．食事に関連したこころとからだの基礎知識 　　2．食事に関連したこころとからだのしくみ 　　3．機能低下・障害が及ぼす食事への影響 　④入浴・清潔保持の介護に関する実践的な知識 　　1．入浴・清潔保持に関連したこころとからだの基礎知識 　　2．入浴・清潔保持に関連したこころとからだのしくみ 　　3．機能低下・障害が及ぼす入浴への影響 　⑤排泄の介護に関する実践的な知識 　　1．排泄に関連したこころとからだの基礎知識 　　2．排泄に関連したこころとからだのしくみ 　　3．機能低下・障害が及ぼす排泄への影響 　⑥利用者特性に応じた介護に関する知識 　　1．認知症や障害の理解 3 身体介護以外の支援に関する知識 　①掃除、洗濯、調理などに関する実践的な知識を有すること 　　1．施設における掃除、洗濯、調理等 　　2．ベッドメーキング・シーツ交換 　　3．利用者の状態に応じた居室環境整備 　②機能訓練の補助、レクリエーションに関する実践的な知識を有すること 　　1．施設における機能訓練の補助の見守りや補助 　　2．施設におけるレクリエーション等の見守りや補助 　③情報収集に関する実践的な知識を有すること 　　1．利用者個人個人の認識 　　2．利用者の変化について、必要な情報の収集方法 　④記録・報告に関する実践的な知識を有すること 　　1．量・頻度等チェックリストによる記録または報告 4 使用する用品等に関する知識 　①施設にある用品に関する実践的な知識を有すること 　　1．使用する用品（車いす、歩行器等） 　　2．用品の使用方法 　　3．用品の管理方法（福祉用具の手入れ等も含む） 5 安全衛生業務に関する知識 　身体介護業務に伴う安全衛生及び衛生管理に関し、次に掲げる事項について、詳細な知識を有すること 　①安全衛生 　　1．雇入れ時等の安全衛生教育 　　2．介護職員における疾病・腰痛予防 　　3．福祉用具の使用方法及び点検業務 　　4．介護職員における事故防止のための教育 　　5．緊急時・事故発見時の対応 　②衛生管理 　感染対策について、次に掲げる事項の知識を有すること。 　　1．適切な手洗い 　　2．健康上のリスクへの対応と疾病の予防のために必要な知識と、自己のケア及び感染予防対策 　　3．感染症予防対策

初　　級	専　門　級	上　　級
基本的な業務を遂行するために必要な基礎的な技能及び知識	初級の技能者が通常有すべき一般的な技能及び知識	中級の技能者が通常有すべき一般的な技能及び知識
実技試験 1 身体介護業務 　①身じたくの介護 　　1．洗面の介助（顔の清拭の介助）ができること 　　2．座位での上衣の着脱の介助ができること 　　3．仰臥位での着脱の介助ができること 　②移動の介護 　　1．体位変換（仰臥位から側臥位の介助）ができること 　　2．起居の介助ができること 　　3．車いすへの移乗の介助ができること 　　4．車いすの移動の介助ができること 　　5．歩行の介助ができること 　③食事の介護 　　1．食事の介助ができること 　④入浴・清潔保持の介護 　　1．手浴の介助ができること 　　2．足浴の介助ができること 　　3．入浴の介助ができること 　⑤排泄の介護 　　1．おむつ交換ができること 　　2．トイレでの排泄の介助ができること 2 安全衛生業務 　①事故防止・安全対策 　　1．リスク管理（事故対応）ができること 　　2．車いすの点検ができること 　　3．咳やむせこみの対応ができること 　②感染対策 　　1．適切な手洗いができること 　　2．感染対策ができること	実技試験 1 身体介護業務 　①身じたくの介護 　　1．洗面の介助（顔の清拭の介助）ができること 　　2．座位での上衣の着脱の介助ができること 　　3．仰臥位での着脱の介助ができること 　②移動の介護 　　1．体位変換（仰臥位から側臥位の介助）ができること 　　2．起居の介助ができること 　　3．車いすへの移乗の介助ができること 　　4．車いすの移動の介助ができること 　　5．歩行の介助ができること 　③食事の介護 　　1．食事の介助ができること 　④入浴・清潔保持の介護 　　1．手浴の介助ができること 　　2．足浴の介助ができること 　　3．入浴の介助ができること 　⑤排泄の介護 　　1．おむつ交換ができること 　　2．トイレでの排泄の介助ができること 2 安全衛生業務 　①事故防止・安全対策 　　1．リスク管理（事故対応）ができること 　　2．車いすの点検ができること 　　3．咳やむせこみの対応ができること 　②感染対策 　　1．適切な手洗いができること 　　2．感染対策ができること	実技試験 1 身体介護業務 　①身じたくの介護 　　1．洗面の介助（顔の清拭の介助）ができること 　　2．座位での上衣の着脱の介助ができること 　　3．仰臥位での着脱の介助ができること 　　4．口腔ケアができること 　②移動の介護 　　1．体位変換（仰臥位から側臥位の介助）ができること 　　2．起居の介助ができること 　　3．車いすへの移乗の介助ができること 　　4．車いすの移動の介助ができること 　　5．歩行の介助ができること 　　6．身体の特性に応じた移動の介助ができること 　③食事の介護 　　1．食事の介助ができること 　④入浴・清潔保持の介護 　　1．手浴の介助ができること 　　2．足浴の介助ができること 　　3．入浴の介助ができること 　　4．身体清拭ができること 　⑤排泄の介護 　　1．おむつ交換ができること 　　2．トイレでの排泄の介助ができること 　⑥利用者特性に応じた対応（認知症・障害等）ができること 2 安全衛生業務 　①事故防止・安全対策 　　1．リスク管理（事故対応）ができること 　　2．車いすの点検ができること 　　3．咳やむせこみの対応ができること 　　4．ヒヤリハットと事故の記録及び説明ができること 　②感染対策 　　1．適切な手洗いができること 　　2．感染対策ができること

資料

実習期間中における、実習生及び指導員の1日のスケジュール例

	利用者の1日の生活例	実習生	指導員
5:00	就寝		
6:00	起床・モーニングケア 身支度・排泄など		
7:00	朝食		
8:00	自由時間	出勤・申し送り	
9:00	自由時間・レクリエーション活動 入浴など	入浴介助	技能実習指導
10:00			
11:00			
12:00	昼食	食事介助・下膳・口腔ケア	入浴介助
13:00	自由時間	休憩	休憩
14:00	レクリエーション活動 入浴など	レクの手伝い（移動介助等） ・排泄介助・配茶等	入浴介助
15:00	ティータイム		会議・記録等の実施
16:00	自由時間		技能実習指導
17:00		業務終了	
18:00	夕食		
19:00	自由時間		
20:00			
21:00	就寝		

※指導員の矢印（技能実習指導）の部分が、指導員が直接実習生に指導している時間
※指導員不在の時間帯は、実習生は他の職員に付き実習を行う

介護職種の技能実習指導員のためのセルフチェックリスト

自身の取組がどこまでできているか、また不足している点はないか確認するためのチェックリストです。

１．入国前（受入れ準備）　※経営層や施設全体の取組となる可能性が高いです。

- □ 職員、利用者や利用者家族、地域住民などに対して実習生の受入れを事前に説明する
- □ 常時１名の指導者が実習生に付くことができるよう、指導者の配置・シフトを調整する（特に受入れから約３か月）
- □ 介護手順やテキスト・動画等の教材、物品などの用語について統一を図る

２．入国後講習中

- □ 実習生の母国の文化・宗教・要配慮点などを事前に把握し、関係者を中心に共有する
- □ 責任者・指導員は受入れ前から実習生と顔を合わせる
- □ 入国後講習で実習生が身につける内容を把握する、または身につけてほしいことを監理団体と擦り合わせる
- □ 監理団体の担当者と役割を確認し、実習生の相談対応ができる体制を作る

３．受入れ開始時（１〜２週間）

- □ 実習生の知識・技術を評価し、特に指導が必要なところ等を指導方針や計画に盛り込む
- □ 事業所の指導方針や技能実習計画、プログラム、定められた目標レベル、また実習で学ぶためのルールなどを実習生に説明する
- □ 実習関係者、その他の職員と実習生とのコミュニケーションの場を積極的に設ける
- □ 実習生が利用者と関わる際は、指導員も一緒に会話に加わる、コミュニケーションが

資料

4．実習期間中

☐ 指示した内容が実習生に理解されているか、都度確認を行う

☐ 実習生へホウレンソウを促すなど配慮し、報告・連絡・相談を習慣化させる

☐ 実習生の技能修得の評価や技能の修得状況を、実習生を含む関係者間で共有する

☐ 実習生の悩みを把握し、実習に集中できる環境を整える

5．第１号技能実習修了前

☐ 試験前には、試験課題の評価項目や評価基準を見直し、知識や技術の振り返り確認を行う

☐ 指導員の指示のもと実習生が行う介護（試験課題）を指導員間、事業所内で共有する

☐ 第１号技能実習として修得した内容を振り返り、できているところ、まだ経験の積み重ねが必要なところを実習生と確認する

☐ 第２号技能実習の目標、それに沿った計画を実習生と話し合う

編集・協力・執筆者・第4章事例提供者一覧

編集

一般社団法人シルバーサービス振興会

協力

公益社団法人日本介護福祉士会

執筆者（執筆順）

伊藤優子（北海道医療大学先端研究推進センター　客員教授）…… 第1章

川端一博（公益社団法人日本語教育学会　理事）…… 第2章

久留善武（一般社団法人シルバーサービス振興会　事務局長）…… 第3章

奈良夕貴（一般社団法人シルバーサービス振興会　企画部企画担当課長）…… 第3章

第4章事例提供者（50音順）

井口健一郎 …… 事例1、2、6、17

社会福祉法人小田原福祉会　理事、同法人特別養護老人ホーム潤生園　施設長、公益社団法人神奈川県介護福祉士会所属
2019（令和元）年より技能実習生の受け入れを開始。外国人職員定着のための育成スキームを確立。介護の海外輸出など海外の現地法人の教育支援も行っている。

今村文典 …… 事例4

社会福祉法人立志福祉会　特別養護老人ホーム輝祥苑　施設長、公益社団法人　日本介護福祉士会　副会長、熊本県介護福祉士会所属
介護福祉士を目指す留学生のアルバイトや介護福祉士を取得した外国人介護人材を社員として受け入れ。介護福祉士養成校との連携をとりながら指導を進めている。

上野興治 …… 事例5、8、11

社会福祉法人福祉楽団　特別養護老人ホーム杜の家なりた　副施設長、埼玉県介護福祉士会所属

「多様性を受け入れる」という法人理念のもと、技能実習を含めたさまざまな外国人介護職の受け入れをしている。国籍だけにとどまらない多様な人材を受け入れている。

富澤伸也 …… 事例3、12、13、15、16

社会福祉法人ほたか会法人本部　総務担当部長、特別養護老人ホーム川場春光園　副施設長、群馬県介護福祉士会所属

2016（平成28）年より外国人留学生の介護雇用開始。また技能実習生は2019（令和元）年より受け入れを開始している。外国人材の受け入れ整備や定着化に取り組んでいる。

日高和枝 …… 事例7、9

社会福祉法人翠燿会　高齢者複合ケア施設グリーンヒル八千代台　施設長、千葉県介護福祉士会所属

2019（令和元）年より技能実習生の受け入れを開始。従来のシスター・ブラザー制を用いて、実習生の指導を行う。

奈良夕貴 …… 事例10、14

一般社団法人シルバーサービス振興会　企画部　企画担当課長

介護技能実習評価試験の試験実施機関として、しくみの検討、構築に携わる。

介護職種が追加される以前に、家族が他職種の実習生の受け入れ側（実習実施者）にいたことから、実習生へのサポートにかかわり、交流をもつ。

松ケ平朝菜 …… 事例18

一般社団法人福井県介護福祉士会　事務局長、試験評価者

福井県の介護技能実習支援プログラムに参画し、母国での介護導入講習への講師派遣、実習実施者の現場職員に対する受け入れのための説明の役割を担う。

外国人技能実習制度（介護職種）の指導ガイドブック

2021 年 9 月 20 日　発行

編　集　　一般社団法人シルバーサービス振興会
協　力　　公益社団法人日本介護福祉士会
発行者　　荘村明彦
発行所　　中央法規出版株式会社
　　　　　〒110‐0016　東京都台東区台東 3-29-1　中央法規ビル
　　　　　営　　　業　TEL 03-3834-5817　FAX 03-3837-8037
　　　　　取次・書店担当　TEL 03-3834-5815　FAX 03-3837-8035
　　　　　https://www.chuohoki.co.jp/

装幀・本文デザイン　　株式会社ジャパンマテリアル／北田英梨
本文イラスト　　有澤好洋
印刷・製本　　株式会社ルナテック

ISBN978-4-8058-8377-8